Collection Idées-jeux

Un monde fou en perles de rocaille

Marie-Claude Burel

FLEURUS

www.fleuruseditions.com

L'éditeur remercie PERLES BOX qui a gracieusement fourni toutes les perles utilisées pour la réalisation des modèles.

Magasin de gros :
56, rue de Turbigo – 75003 Paris
Tél. (33) 01 42 78 28 78

Magasins de détail :
AVENTURES CRÉATIVES

62, rue Beaubourg– 75003 Paris
Tél. (33) 01 42 78 98 93

1, rue Bernard de Clairvaux – 75003 Paris
Tél. (33) 01 42 78 43 13

Direction éditoriale : Christophe Savouré
Édition : Christine Hooghe
Direction de création : Laurent Quellet
Direction artistique : Julie Pauwels
Réalisation graphique : Vanessa Paris
Photographies : Olivier d'Huissier
Illustrations techniques : Corédoc
Illustrations des pages d'ouvertures : Julie Blanchin
Fabrication : Annie-Laurie Clément

Dépôt légal : mars 2008
Photogravure : Altavia
Imprimé en Espagne par Edelvives
ISBN : 978-2-215-09454-8

2e édition – n° P10014 – janvier 2010

Loi n°49-956 du 16 juillet 1949 sur les publications destinées à la jeunesse.

Sommaire

Matériel

Les perles de rocaille

Ce sont les perles les plus courantes. Elles sont en verre et existent principalement en deux tailles : les perles de rocaille classiques qui mesurent environ 2 mm de diamètre et les grosses perles de rocaille qui font 4 mm de diamètre. Elles existent dans de très nombreuses couleurs : opaques, nacrées, transparentes et même diamantées. Tu auras l'embarras du choix. Mais avec quelques couleurs seulement, tu pourras déjà réaliser une foule de modèles !
Il existe aussi des petits tubes. Dans ce livre, ils serviront uniquement à réaliser l'oursin de la page 27.

Petites ou grosses perles ? L'association des deux tailles permet de donner du volume et de l'expression aux sujets en perles. Par exemple, les yeux réalisés avec des grosses perles de rocaille donnent un air amusant à un animal. Les grosses perles peuvent aussi figurer les articulations des personnages, les baies des groseilles, les pattes ou les pieds, etc...
Pour chaque modèle, la liste du matériel précise le type de perles nécessaires, leur nombre et leur couleur. Pour simplifier, on utilise « perles » pour la taille classique et « grosses perles » pour le diamètre supérieur.
Inutile de compter les perles : le nombre est donné pour te permettre d'évaluer rapidement la quantité dont tu as besoin. Dans une cuillère à café rase, on compte environ 180 perles et 45 grosses perles.

Le fil

Tous les modèles de ce livre sont réalisés avec du fil de Nylon de 0,35 mm. Il est souple, résistant et peut passer plusieurs fois dans le trou des perles. On se le procure en magasin de perles ou en magasin de loisirs créatifs. Évite les fils plus fins qui ne donneront pas assez de tenue à tes modèles ou qui risqueraient de casser en cours de réalisation.

Autre matériel

Tu auras besoin de très peu de matériel complémentaire pour réussir de très beaux sujets.

Ciseaux
Une paire de ciseaux normale fera l'affaire pour couper le fil de Nylon.

Aiguille
Elle sert uniquement à rentrer les fils. Une aiguille à coudre les tissus épais ou une aiguille à canevas conviendra parfaitement.

Apprêts et pinces à bijoux
Ils te serviront uniquement si tu souhaites monter tes réalisations en grigris de portable, colliers, boucles d'oreilles, etc.
Les apprêts sont les petits éléments qui te permettront de réaliser ces montages : anneaux, fermoirs, attaches de boucles d'oreilles, perles à écraser. On les trouve dans tous les magasins de perles et de loisirs créatifs. La pince te servira à ouvrir et à fermer les anneaux, ou à aplatir les perles à écraser pour fixer les fermoirs.
Tu trouveras quelques propositions de montages et la marche à suivre pages 8 et 9.
N'hésite pas à interroger les vendeurs dans les magasins spécialisés, ils seront ravis de te donner des conseils.

Fil de fer
Il peut servir à mettre un sujet en forme. Dans ce livre, il permet de recourber le sucre d'orge de la page 19. Il se travaille avec une pince à bijoux.

Techniques

Technique de base

Cette technique est la même pour la majorité des modèles du livre : les perles sont enfilées par rangs successifs. Pour chaque modèle, un schéma complet permet de visualiser la couleur et le nombre de perles à enfiler. Les rangs sont numérotés pour bien se repérer. Les 2 brins du fil sont colorés, l'un en bleu, l'autre en rouge, pour bien suivre la manière dont ils passent dans les perles.

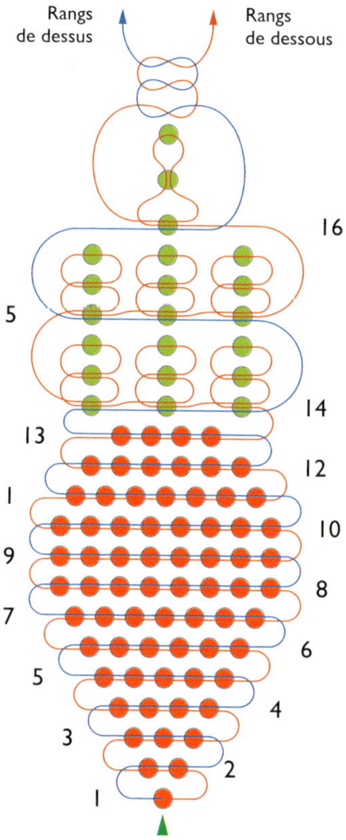

Pour commencer, enfile la ou les perles du premier rang au milieu du fil de Nylon. Ce point de départ est fléché en vert sur le schéma.

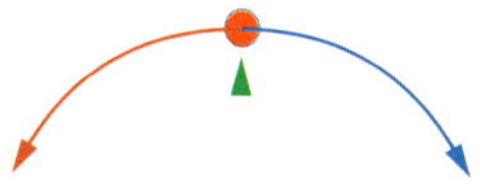

Croise les brins dans les perles du deuxième rang. Tends bien le fil.

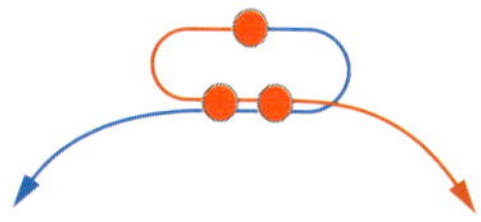

Réalise les rangs suivants de la même façon, en serrant bien au fur et à mesure. Grâce à la tension du fil de Nylon, les rangs se placent alternativement dessus et dessous (ou devant et derrière).

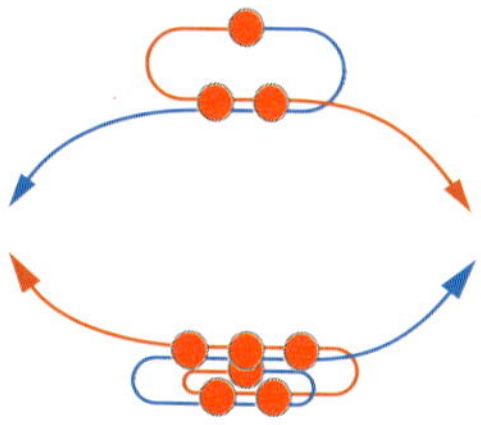

Sur le schéma, les légendes te permettent de vérifier si le placement se fait correctement. Par exemple, sur le schéma de la fraise ci-contre, les rangs pairs se placent dessous et les rangs impairs dessus.

Lorsque les rangs sont constitués d'une seule perle, ils se placent obligatoirement à plat.

Autres techniques

Les détails, comme les yeux, les oreilles, les ailes, sont généralement formés sur un seul brin que l'on fait repasser en sens inverse dans les perles ou dans le même sens de manière à former une boucle. On passe ensuite le second brin dans quelques perles pour former le rang. Aide-toi des explications et regarde bien le schéma accompagnant chaque modèle, pour enfiler le bon nombre de perles et suivre le fil !

Exemple de pattes

Les pattes des petits animaux sont toutes réalisées selon ce principe.

Souris

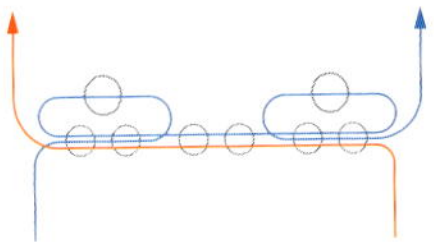

Exemple d'yeux

Sur ce principe, on peut aussi réaliser la queue d'un fruit ou les pattes d'un animal.

Chenille

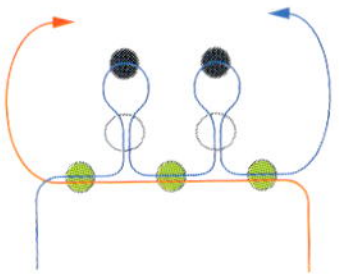

Exemples de feuilles

Radis

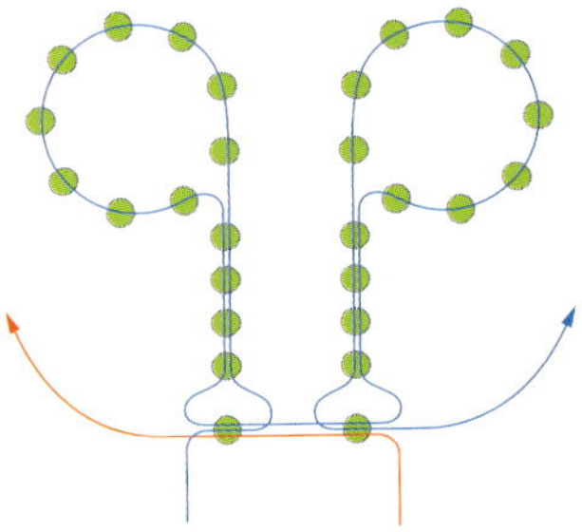

Fraise

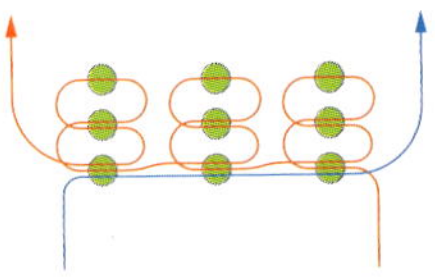

Exemple d'ailes

Libellule

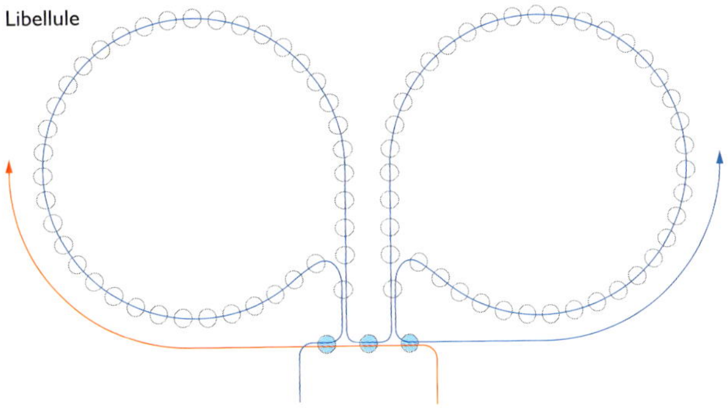

Exemple de bras et de jambes

Pour réaliser les bras et les jambes des personnages ou les pattes de certains animaux, on peut travailler aussi sur chacun des brins séparément, entre deux rangs ou sur le premier rang.

Extraterrestre

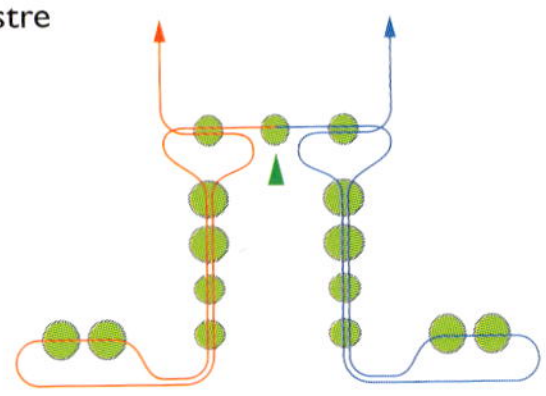

En repassant le fil en sens inverse, on peut ajouter une perle, pour former l'articulation.

Robot

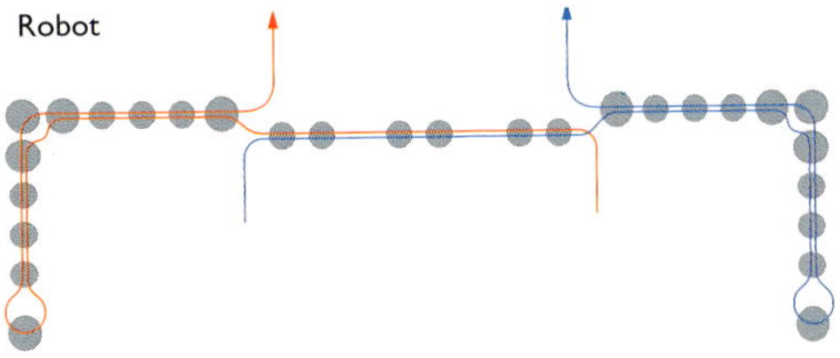

Exemple de rangs attachés

Pour courber un modèle, on peut rattacher un rang au rang précédent. Dans ce cas, ils se placent tous les deux du même côté. Ici, au premier rang, on ne croise que dans les 3 perles centrales. Après avoir formé le rang suivant, on repasse dans les perles aux extrémités du premier rang.

Mouette

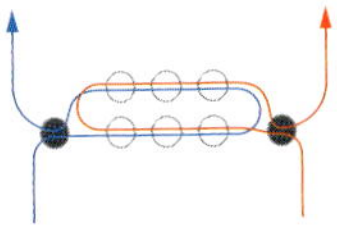

Finitions

Finitions simples

Après le dernier rang, fais 3 nœuds simples les uns sur les autres avec les deux brins de fils en serrant bien. Avec une aiguille à canevas ou une aiguille à coudre à gros chas, passe les brins de fils dans le corps du modèle. Tire pour que le nœud passe dans le corps, puis coupe les brins de fils qui dépassent.
Pour certains modèles, comme les groseilles de la page 17, on rentre chaque brin dans quelques perles.

Bijoux et gadgets

La pose des apprêts est un peu délicate, n'hésite pas à faire appel à un adulte.
Si le modèle possède une boucle (B) ou une grosse perle (A), dans laquelle tu peux attacher un anneau sans déséquilibrer le sujet, fais d'abord les finitions.
Autrement, sers-toi des fils de tissage pour attacher ton modèle à l'apprêt de ton choix. Rentre ensuite les fils comme expliqué pour les finitions simples (C, D, E).
Si tu souhaites réaliser un collier, termine le modèle et rentre les fils ; tu passeras ensuite le fil du collier dans une des perles du haut du modèle. Libre à toi de couvrir le fil d'autres perles ou d'utiliser un fil câblé que tu laisseras apparent.

C

D

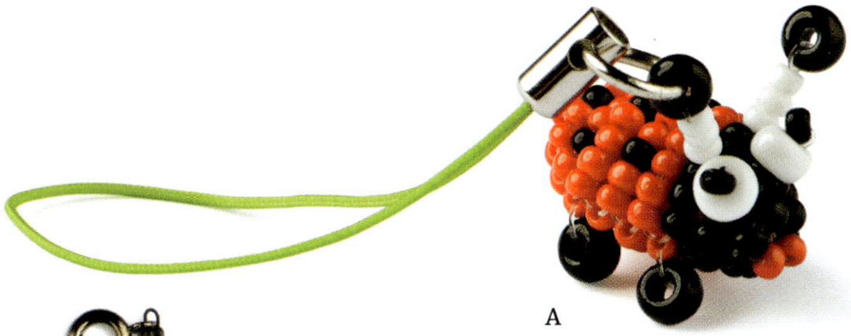

A

Ouvrir et fermer un anneau

Cette manipulation est plus facile à réaliser avec deux pinces. Pour ne pas déformer l'anneau, ouvre-le en le vrillant : tire avec une pince vers toi et avec l'autre en sens inverse. Passe-le dans la boucle ou dans la grosse perle. Referme-le selon le même principe. Procède doucement pour ne pas abîmer ton sujet.

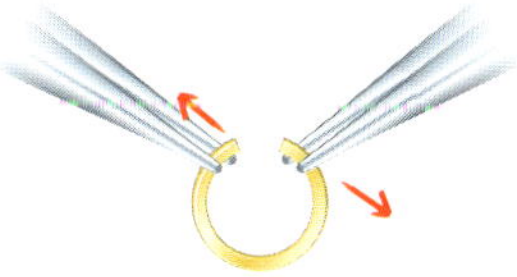

B

Fixer un fermoir

Pour des finitions soignées, utilise des perles à écraser et une pince à bijoux. Après la dernière perle du collier, enfile une perle à écraser puis le fermoir. Repasse dans la perle à écraser, puis dans quelques perles. Supprime le jeu entre les perles. Aplatis la perle à écraser avec la pince. Sur du fil laissé nu, utilise 2 perles à écraser par côté.

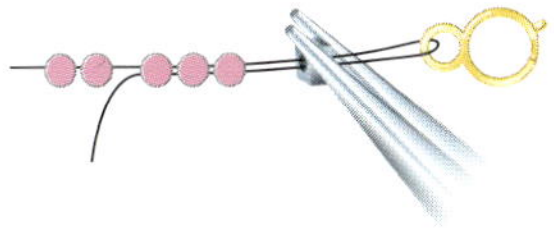

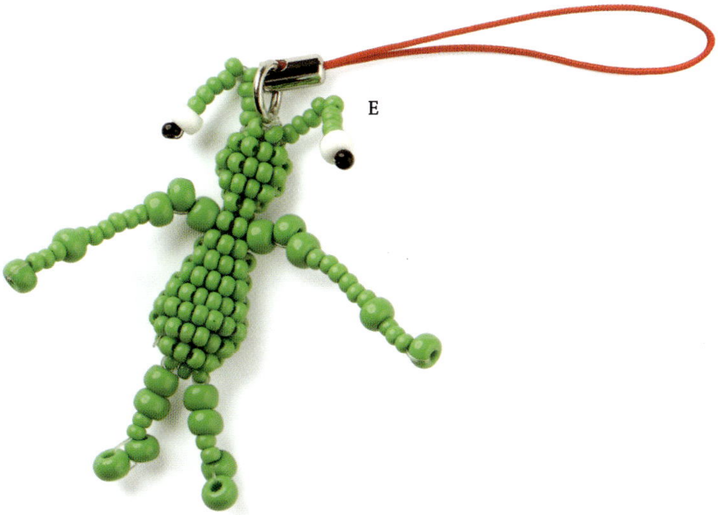

E

Pour les gourmands

Oh les beaux étalages !
Remplis vite ton panier de ces magnifiques fruits et légumes.
N’oublie pas les pâtisseries… ni les bonbons !

0,8
15
2,6

POIREAU

Matériel
- 1,50 m de fil de Nylon 0,35 mm
- 76 perles blanches
- 30 perles vert clair
- 48 grosses perles vertes
- 16 perles marron clair

1 Enfile 2 perles blanches au milieu du fil. De chaque côté, enfile 4 perles marron, repasse dans les 3 premières, puis dans la perle blanche précédente. Serre. Le premier rang et deux racines sont formés.

2 Sur le brin de gauche, enfile 1 perle blanche et 4 perles marron, forme une racine comme précédemment, puis recommence pour la dernière. Passe l'autre brin dans les 2 perles blanches du rang 2.

3 Réalise les rangs 3 à 25 en croisant les brins.

4 Enfile 2 perles vert clair et 8 grosses perles vertes sur un brin (celui de gauche sur le dessin). Repasse le fil dans les 7 premières grosses perles, puis dans les 2 perles vert clair en serrant bien. Fais l'autre feuille de la même manière. Passe l'autre brin dans les 4 perles vert clair.

5 Répète l'étape 4, pour former 2 nouvelles feuilles et le rang 27. En travaillant avec chacun des brins procède selon le même principe pour former les 2 dernières feuilles et le rang 28. Serre bien, noue et rentre les brins de fils.

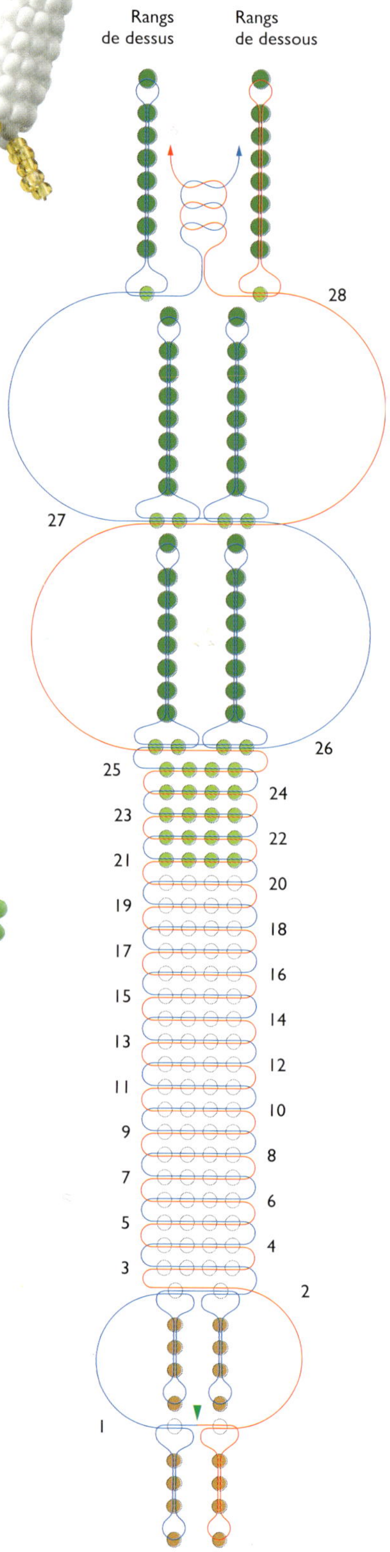

RADIS

Matériel
- 0,80 m de fil de Nylon 0,35 mm
- 12 perles blanches
- 40 perles rose foncé
- 28 perles vertes

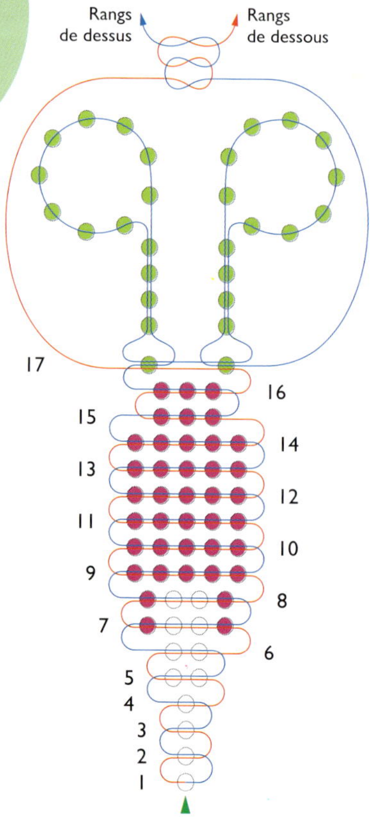

1 Pour le premier rang, enfile 1 perle blanche au milieu du fil. Réalise les rangs 2 à 16 en croisant les brins. Les 5 premiers rangs se placent à plat, les suivants alternativement dessus et dessous.

2 Pour les feuilles, sur le brin de gauche, enfile 14 perles vertes, puis repasse dans les 5 premières perles en suivant bien le dessin. Recommence en serrant bien. Passe l'autre brin en sens inverse dans les 2 perles qui forment le rang. Serre bien, noue et rentre les brins de fil.

CAROTTE

Matériel
- 1 m de fil de Nylon 0,35 mm
- 86 perles orange
- 70 perles vertes

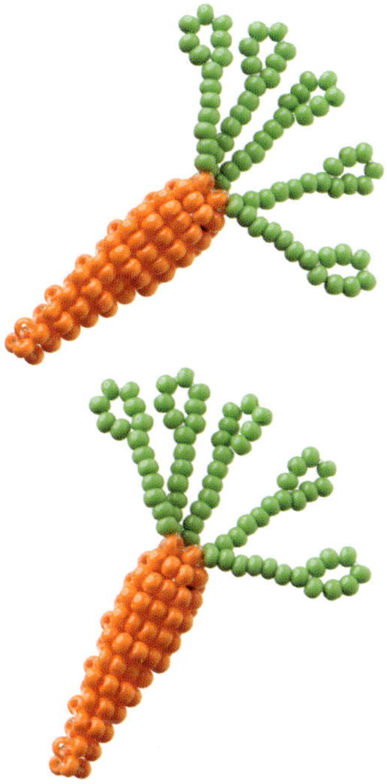

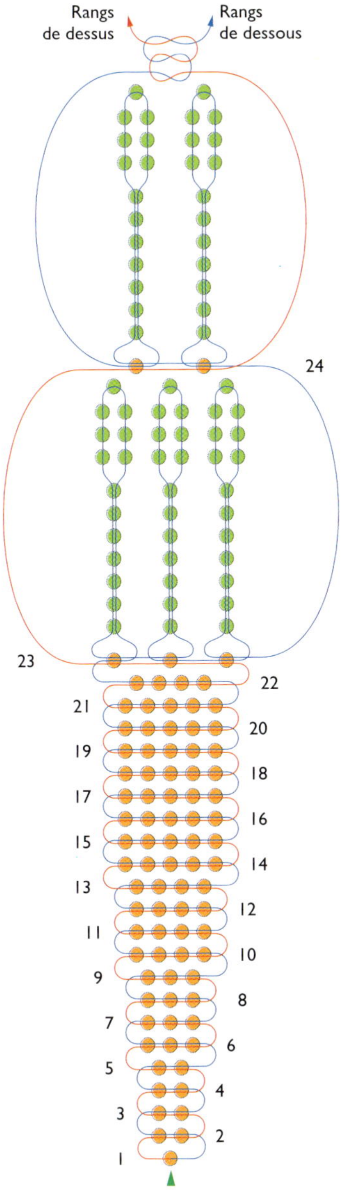

1 Pour le premier rang, enfile 1 perle orange au milieu du fil. Réalise les rangs 2 à 22 en croisant les brins.

2 Sur l'un des brins, enfile 1 perle orange et 14 perles vertes. Repasse le fil dans les 7 premières perles vertes et dans la perle orange. La première feuille est faite. Recommence encore 2 fois. Passe l'autre fil dans les 3 perles orange qui forment le rang 23.

3 Forme 2 nouvelles feuilles et le rang 24 comme précédemment. Serre bien, noue et rentre les brins de fil.

POIRE

Matériel
- 1 m de fil de Nylon 0,35 mm
- 126 perles vert clair
- 5 perles marron

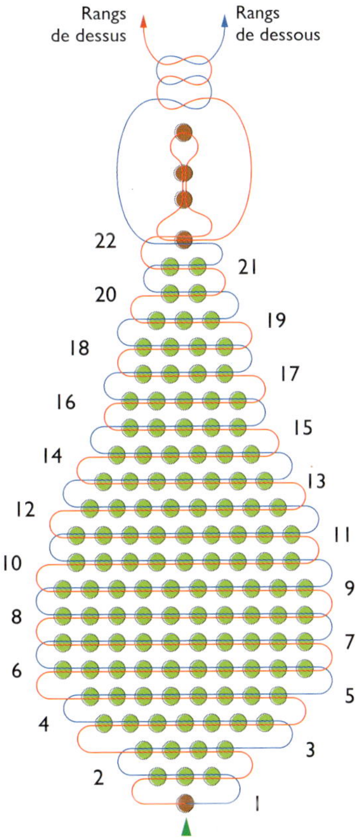

1 Pour le premier rang, enfile 1 perle marron au milieu du fil. Réalise les rangs 2 à 21 en croisant les brins.

2 Sur le brin de gauche, enfile 4 perles marron pour la queue. Serre. Repasse le brin en suivant le dessin. Passe l'autre brin dans la première perle marron. Serre bien, noue et rentre les brins de fil.

PIMENT

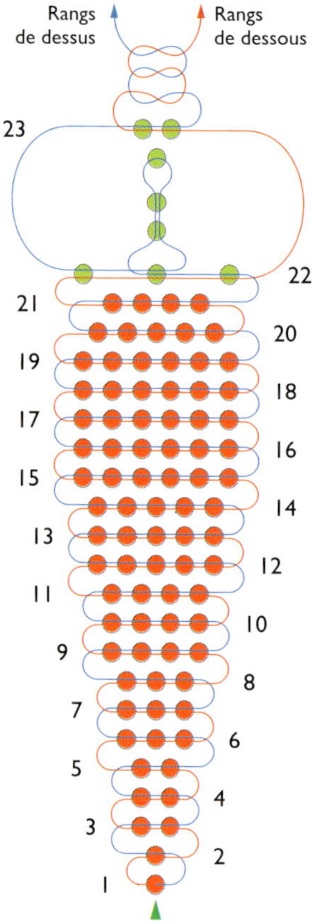

Matériel

- 1 m de fil de Nylon 0,35 mm
- 83 perles rouges
- 8 perles vertes

1 Pour le premier rang, enfile 1 perle rouge au milieu du fil. Réalise les rangs 2 à 21 en croisant les brins.

2 Pour la queue, sur le fil de droite, enfile 5 perles vertes, repasse le fil dans 3 perles en suivant bien le dessin. Serre. Enfile 1 perle verte. Passe l'autre fil dans les 3 perles qui forment le rang. Croise les brins dans 2 perles vertes. Serre bien, noue et rentre les brins de fil.

BANANE

Matériel

- 1 m de fil de Nylon 0,35 mm
- 132 perles jaunes
- 4 perles marron

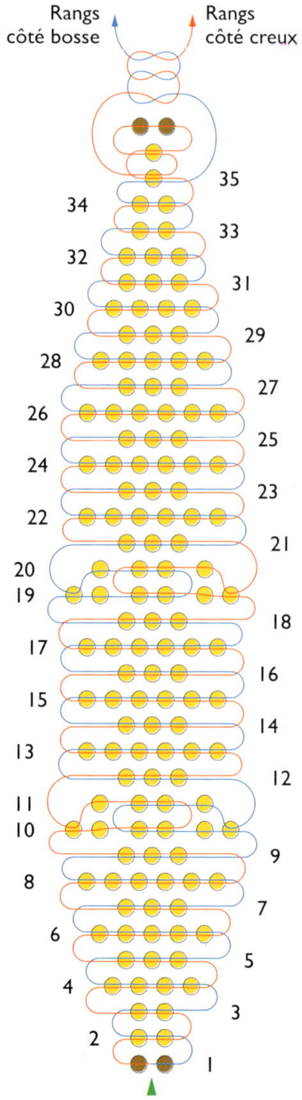

1 Pour le premier rang, enfile 2 perles marron au milieu du fil. Réalise les rangs 2 à 9 en croisant les brins.

2 Pour courber la banane, au rang 10, enfile 2 perles jaunes sur chaque brin et croise-les dans 2 autres. Pour le rang 11, croise les brins dans 2 perles jaunes, puis enfile 1 perle sur chaque brin et repasse-le dans la perle à l'extrémité du rang 10. Serre au fur et à mesure et place ces 2 rangs côté bosse.

3 Réalise les rangs 12 à 18 en croisant les brins, puis les rangs 19 et 20 comme les rangs 10 et 11.

4 Réalise les rangs 21 à 34 en croisant les brins. Pour la queue, sur l'un des brins, enfile 2 perles jaunes et 2 perles marron. Serre. Repasse dans les perles jaunes en formant un 8. Passe l'autre brin dans la perle jaune à la base de la queue. Serre, noue et rentre les brins de fil.

Pour réaliser une banane plus « mûre », il suffit de remplacer quelques perles jaunes par des perles marron pour lui faire quelques taches.

Matériel
- 1 m de fil de Nylon 0,35 mm
- 56 grosses perles ambre
- 80 perles vertes

ANANAS

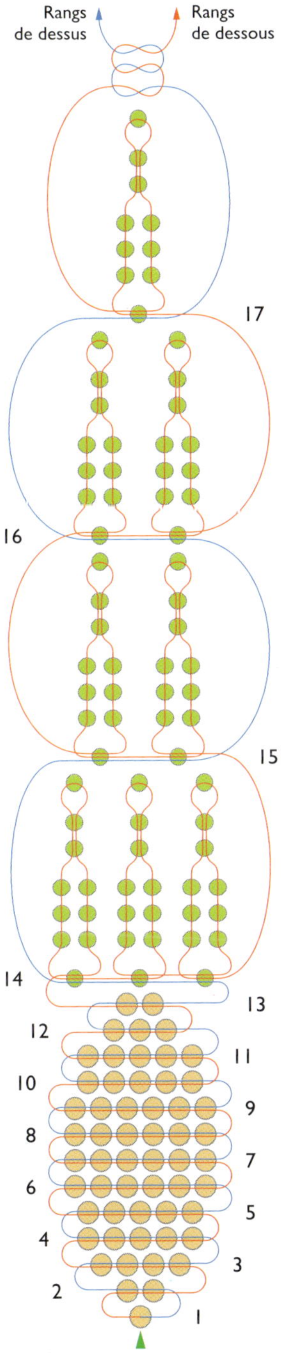

1 Pour le premier rang, enfile 1 grosse perle ambre au milieu du fil. Réalise les rangs 2 à 13 en croisant les brins.

2 Pour la première feuille, enfile 7 perles vertes sur l'un des brins (celui de gauche sur le dessin), puis en serrant au fur et à mesure, repasse dans 2 perles vertes, enfile 3 perles vertes et repasse dans la perle à la base de la feuille. Réalise 2 autres feuilles. Passe l'autre brin dans les perles à la base des feuilles pour former le rang 14.

3 En suivant le même principe, réalise 2 séries de 2 feuilles, puis une dernière feuille. Serre bien, noue et rentre les brins de fil.

FRAISE

Matériel
- 1 m de fil de Nylon 0,35 mm
- 69 perles rouges
- 21 perles vertes

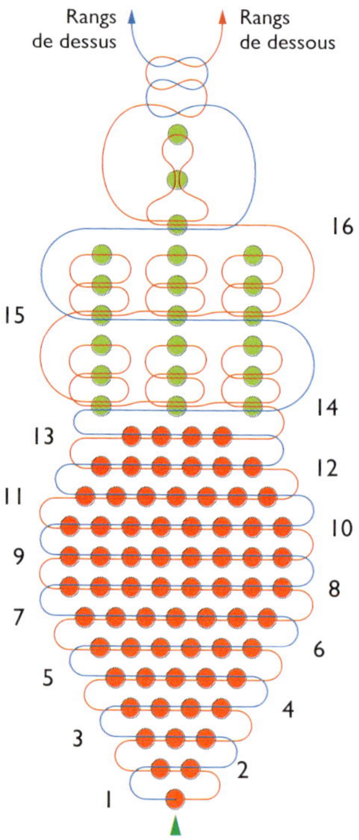

1 Pour le premier rang, enfile 1 perle rouge au milieu du fil. Réalise les rangs 2 à 13 en croisant les brins.

2 Sur l'un des brins (celui de droite sur le dessin), enfile 3 perles vertes pour la première feuille. Repasse le fil en formant un 8 comme sur le dessin. Serre, puis réalise 2 autres feuilles. Passe l'autre brin dans les perles à la base des feuilles pour former le rang 14. Répète cette étape pour former 3 autres feuilles et le rang 15.

3 Pour la queue, sur le brin de droite, enfile 3 perles vertes. Repasse le fil dans 2 perles en suivant bien le dessin. Passe l'autre brin dans la première perle verte. Serre bien, noue et rentre les brins de fil.

FRAMBOISE

Matériel
- 1 m de fil de Nylon 0,35 mm
- 22 grosses perles rouges
- 21 perles vertes

1 Pour le premier rang, enfile 1 grosse perle rouge au milieu du fil. Réalise les rangs 2 à 6 en croisant les brins.

2 Reporte-toi aux étapes 2 et 3 de la fraise pour former 3 feuilles et le rang 7, 3 autres feuilles et le rang 8, puis la queue.

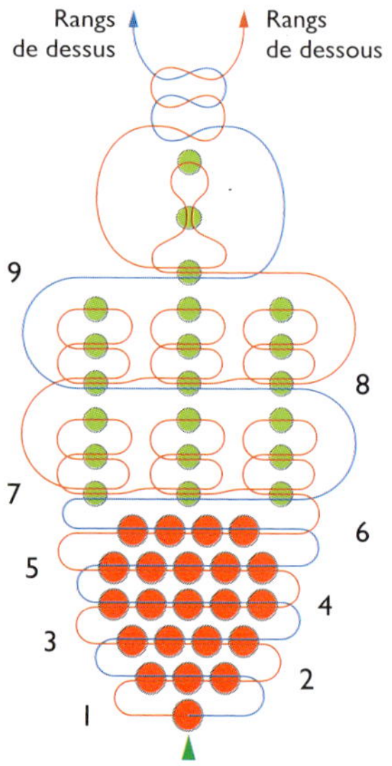

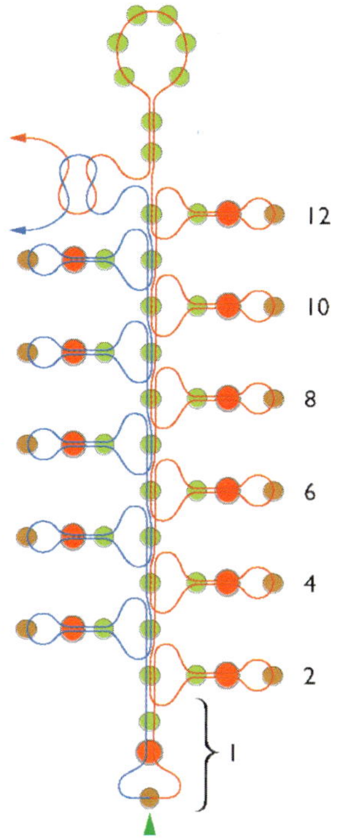

GROSEILLES

Matériel
- 0,60 m de fil de Nylon 0,35 mm
- 31 perles vertes
- 12 grosses perles rouges
- 12 perles marron

1 Enfile 1 perle marron au milieu du fil. Passe les 2 brins dans 1 grosse perle rouge et 1 perle verte pour la première baie.

2 Enfile sur les 2 brins 1 perle verte. Sur l'un des brins, enfile 1 perle verte, 1 grosse perle rouge et 1 perle marron. Repasse comme sur le dessin sans laisser d'espace entre les perles. La deuxième baie est formée. Répète encore 10 fois l'étape 2.

3 Pour la queue, enfile 8 perles vertes, saute 6 perles et repasse en sens inverse dans 2 perles vertes. Noue et rentre chaque brin dans quelques perles.

CERISES

Matériel
- 1,20 m de fil de Nylon 0,35 mm
- 106 perles rouges
- 22 perles vertes
- 14 grosses perles vertes

1 Pour le premier rang, enfile 1 perle rouge au milieu du fil. Réalise les rangs 2 à 18 en croisant les brins pour former la première cerise et sa queue. Les rangs 11 à 18 se placent à plat.

2 En suivant le dessin et en utilisant les 2 tailles de perles vertes, réalise les feuilles sur le brin de droite.

3 Croise les brins dans 1 perle verte (rang 19). Serre. Pour terminer la queue et la seconde cerise, réalise les rangs 20 à 36. Les rangs 20 à 26 se placent à plat. Serre bien, noue et rentre les brins de fil.

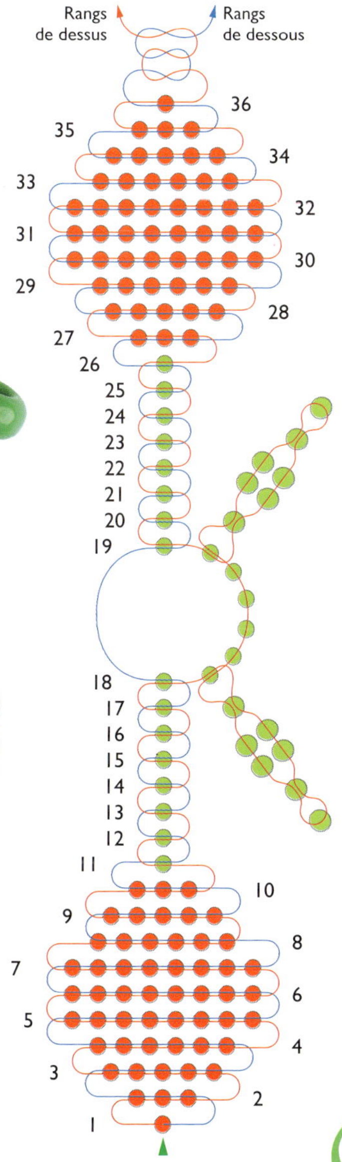

RELIGIEUSES À LA CRÈME

Matériel
- 1 m de fil de Nylon 0,35 mm
- 83 perles marron clair
- 56 perles blanches
- 5 perles jaune clair

1 Pour le premier rang, enfile 2 perles marron au milieu du fil. Réalise les rangs 2 à 12 en croisant les brins.

2 Sur le brin de droite, enfile 1 perle blanche et 1 jaune. Serre. Repasse le fil dans la perle blanche. En serrant au fur et à mesure, enfile 3 perles blanches et 1 jaune, repasse dans la dernière perle blanche, 2 fois. Passe l'autre brin dans les 7 perles blanches pour finir le rang 13. Serre.

3 Au rang 14, réalise une autre décoration jaune comme précédemment, puis forme les rangs 15 à 20 en croisant les brins.

4 Pour le haut de la religieuse, réalise une dernière décoration comme précédemment. Noue et rentre les brins de fils.

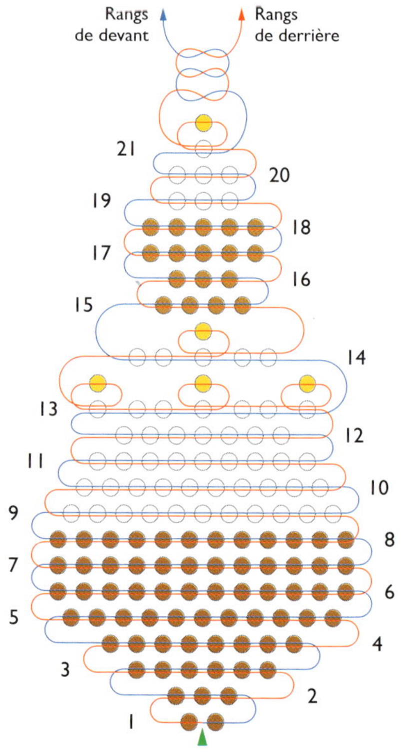

Variantes
Pour faire une religieuse au chocolat ou avec un nappage rose, remplace les perles blanches par la couleur adéquate.

SUCRE D'ORGE

Matériel

- 1 m de fil de Nylon 0,35 mm
- 88 perles blanches
- 43 perles rouges
- 10 cm de fil de fer
- Pinces à bijoux

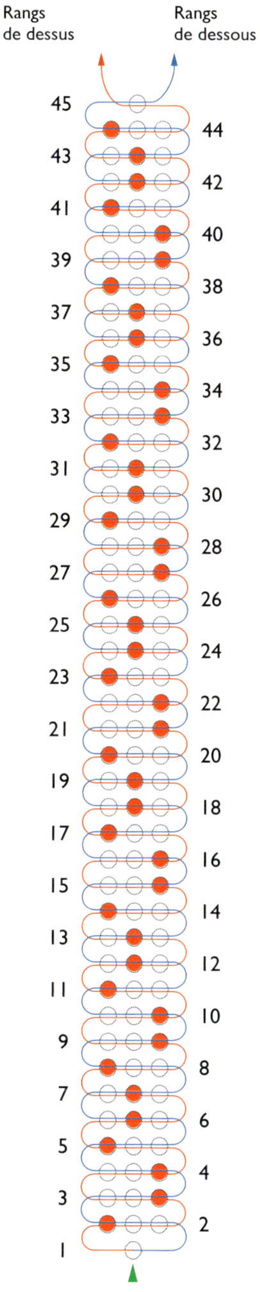

1 Pour le premier rang, enfile 1 perle blanche au milieu du fil. Réalise tous les rangs en croisant les brins et en veillant à alterner les couleurs comme sur le dessin. Laisse les fils en attente.

2 Avec une pince ronde, recourbe une des extrémités du fil de fer pour faire une boucle. Introduis-le dans le sucre d'orge. Passe l'un des brins dans la boucle et fais 3 nœuds simples. Pousse la boucle de fil de fer dans le sucre d'orge et coupe l'excédent à l'autre extrémité avec une pince coupante.

3 Courbe le sucre d'orge. Rentre les brins de fil de Nylon.

CROCODILES À CROQUER

Matériel

- 1 m de fil de Nylon 0,35 mm
- 59 perles rouges
- 52 perles blanches
- 4 grosses perles rouges

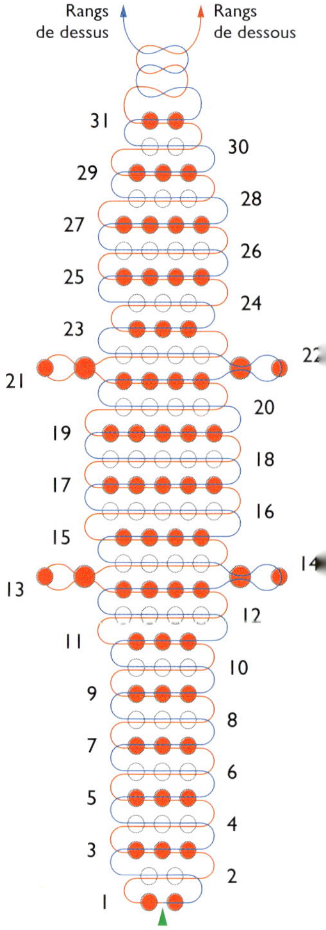

1 Pour le premier rang, enfile 2 perles rouges au milieu du fil. Réalise les rangs 2 à 13 en croisant les brins.

2 Pour les pattes arrière, sur chaque brin, enfile 1 grosse perle rouge, 1 perle rouge. Serre. Repasse le fil dans la grosse perle rouge. Serre.

3 Termine le crocodile en suivant le dessin, et en réalisant les pattes avant comme les pattes arrière après le rang 21. Noue et rentre les brins de fil.

BONBONS TÉTINES

Matériel
- 1 m de fil de Nylon 0,35 mm
- 35 perles vertes
- 11 grosses perles vertes

1 Pour l'anneau, enfile 10 grosses perles vertes au milieu du fil. Croise les fils dans 1 grosse perle verte (rang 1).

2 Réalise les rangs 2 à 13 en croisant les brins. Noue et rentre les brins de fil.

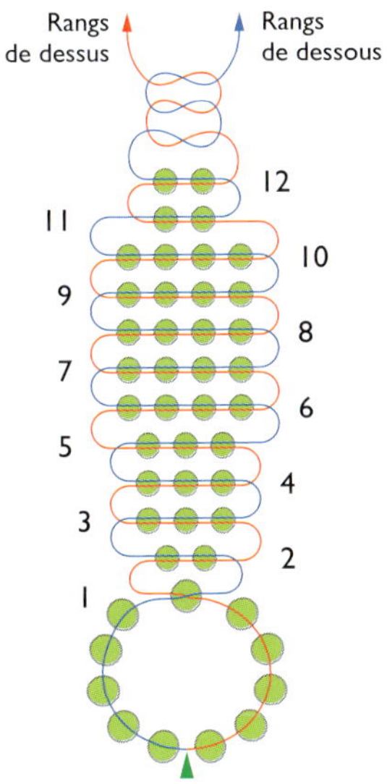

Variantes
Tisse des crocodiles et des tétines dans toutes les couleurs.

À la mer

Étoiles, poissons multicolores, oursins, hippocampes... Les fonds marins sont peuplés de créatures de toutes sortes !

ÉTOILE DE MER

Matériel

- 1 m de fil de Nylon 0,35 mm
- 20 perles orange
- 21 grosses perles orange

1 Réalise le centre de l'étoile avec des grosses perles en serrant bien au fur et à mesure. Enfile la perle 1 au milieu du fil. Croise les brins dans la perle 2. Croise les brins dans les perles 3 et 4. Sur chaque brin, enfile 1 perle (5 et 6), puis croise dans la perle 1.

2 Réalise chaque bras avec le brin de droite. Enfile 3 grosses perles et 4 perles. Repasse dans 3 perles et 3 grosses perles. Serre. Passe le fil dans la grosse perle du centre suivante (dans l'ordre : 5, 3, 4, 6). Après avoir enfilé les perles du dernier bras, noue les brins. Rentre-les dans les grosses perles du premier et du dernier bras.

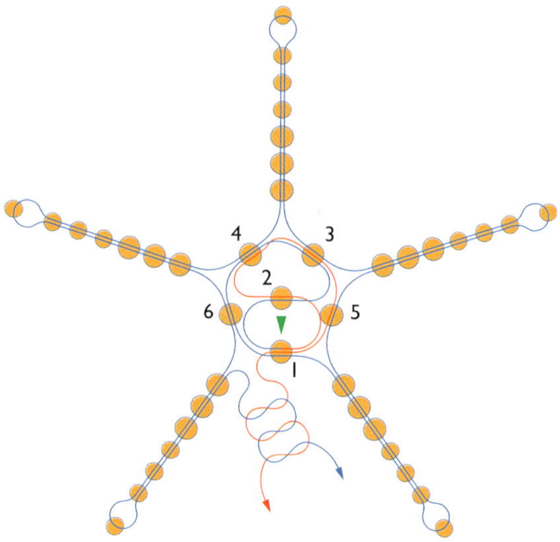

POISSONS

Matériel
- 1 m de fil de Nylon 0,35 mm
- 21 grosses perles orange
- 16 grosses perles blanches
- 28 perles orange
- 2 perles noires

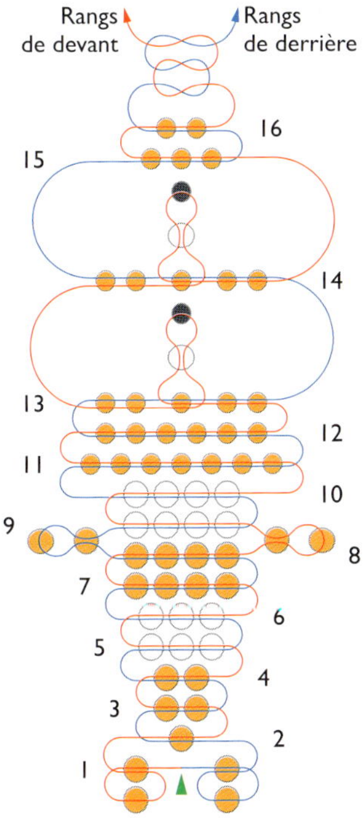

1 Pour la queue, enfile 4 grosses perles orange au milieu du fil. En formant une boucle, repasse chaque brin dans une des perles centrales (rang 1).

2 Réalise les rangs 2 à 8 en croisant les brins.

3 Pour les nageoires, sur chaque brin, enfile 2 grosses perles orange puis repasse le fil dans la première.

4 Réalise les rangs 9 à 12 en croisant les brins et en changeant de taille de perles.

5 Forme le premier œil sur le rang 13. Sur l'un des brins, enfile 3 perles orange, 1 grosse perle blanche et 1 perle noire. Serre. Repasse le fil dans la grosse perle blanche, puis dans la dernière perle orange. Serre. Enfile 2 perles orange. Passe l'autre fil dans les 5 perles orange. Forme le second œil de la même manière sur le rang suivant.

6 Réalise les rangs 15 et 16 en croisant les brins. Serre, noue et rentre les brins de fil.

Variantes
Amuse-toi à tisser d'autres poissons extraordinaires : supprime les rayures et réalise les rangs de dessous d'une autre couleur.

CRABE

Matériel
- 1 m de fil de Nylon 0,35 mm
- 125 perles orange
- 2 perles noires
- 4 grosses perles orange
- 2 grosses perles blanches

1 Pour le premier rang, enfile 2 perles orange au milieu du fil. Croise les brins dans 3 perles orange pour le rang 2. Serre.

2 Pour la première paire de pattes, enfile sur chaque brin 6 perles orange. Repasse le fil en sens inverse sauf dans la dernière perle et la 3e perle enfilées. Serre bien pour mettre en place les pattes. Réalise les rangs 3 et 4 en croisant les brins.

3 Pour la deuxième paire de pattes, enfile sur chaque brin 7 perles orange. Repasse le fil en sens inverse sauf dans la dernière perle et la 4e perle enfilées. Serre puis réalise les rangs 5 et 6 en croisant les brins.

4 Continue en suivant le dessin et en formant les troisième et quatrième paires de pattes comme la deuxième.

5 Pour les pinces, procède comme pour les pattes en suivant le dessin et en utilisant les grosses perles orange.

6 Forme les yeux sur le rang 11 : sur le brin de droite, enfile 1 perle orange, 1 grosse perle blanche, 1 perle noire puis repasse dans la grosse perle blanche et dans la perle orange en formant une boucle. Enfile 3 perles orange et forme le deuxième œil comme le premier. Passe l'autre brin dans les 4 perles orange. Serre.

7 Réalise les rangs 12 et 13 en croisant les brins. Serre bien, noue et rentre les brins de fil.

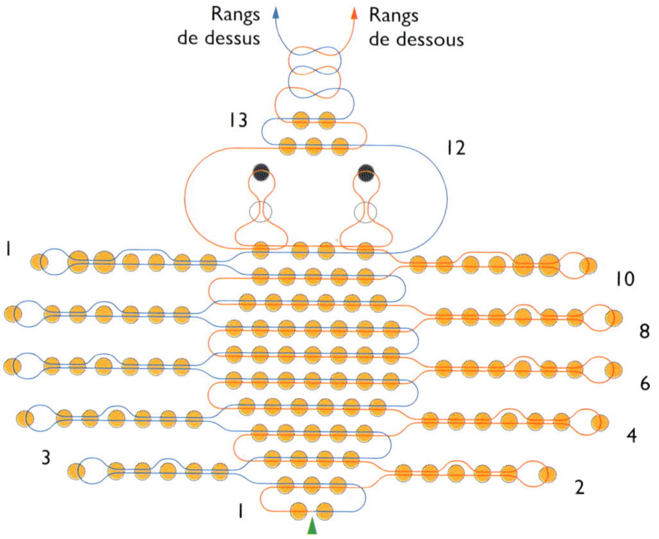

OURSIN

Matériel
- 2 m de fil de Nylon 0,35 mm
- 106 perles noires
- 50 perles tubes noires
- 2 grosses perles blanches

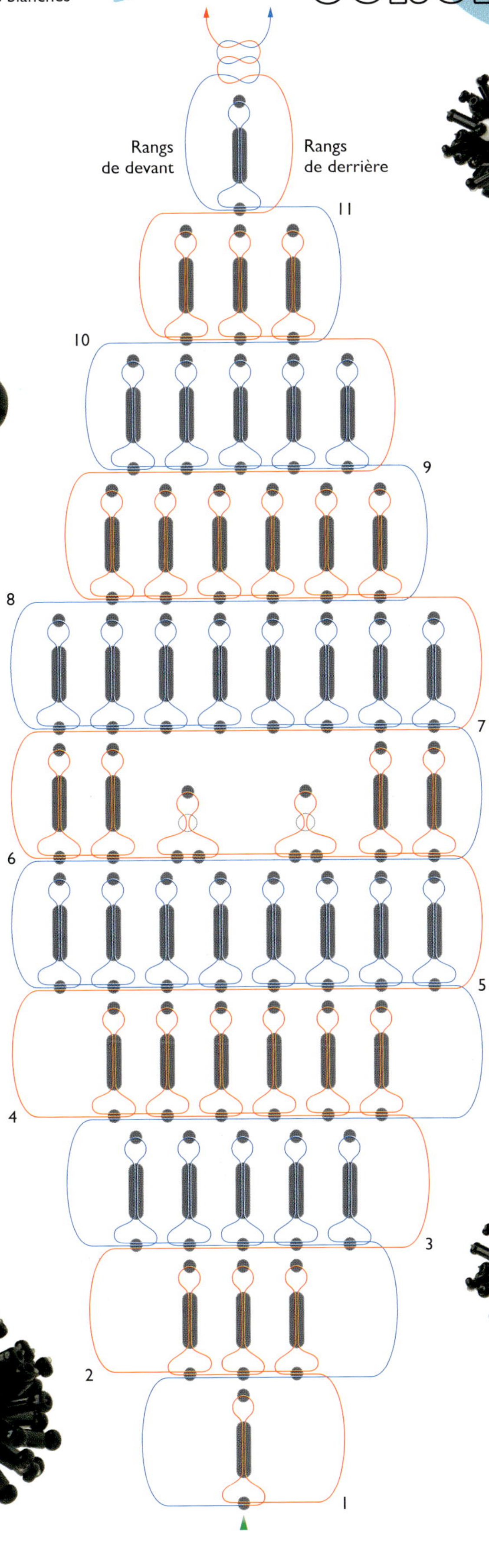

1 Enfile la perle noire du rang 1 au milieu du fil. Enfile un tube noir et 1 perle noire. Repasse dans le tube et dans la première perle comme sur le dessin pour former le premier piquant.

2 Pour le rang 2, sur le brin le plus long, enfile 1 perle, 1 tube, 1 perle. Repasse dans le tube et dans la première perle pour former un piquant. Réalises-en 2 autres sans laisser d'espace entre les perles. Passe l'autre fil en sens inverse dans les 3 perles à la base des piquants. Serre.

3 Réalise les rangs 3 à 5 en utilisant à chaque fois le brin le plus long pour former des piquants.

4 Commence le rang 6 par 2 piquants. Pour le premier œil, enfile 2 perles noires, 1 grosse perle blanche et 1 perle noire. Repasse dans la perle blanche et dans les 2 premières perles noires en formant une boucle. Réalise le second œil de la même manière, puis 2 piquants. Passe l'autre fil dans les 8 perles noires qui forment le rang.

5 Réalise les rangs 7 à 11 en suivant le dessin. Noue en serrant bien et rentre les brins de fil.

MANCHOT

Matériel
- 1 m de fil de Nylon 0,35 mm
- 70 perles noires
- 27 perles blanches
- 8 perles jaunes
- 2 perles orange
- 2 perles plomb
- 8 grosses perles noires

1 Enfile les 2 perles noires du rang 1 au milieu du fil. Réalise les rangs 2 et 3 en croisant les brins.

2 Au rang 4, sur le brin de droite, enfile 2 perles blanches et 1 grosse perle noire pour la première patte. Serre. Repasse le fil dans les 2 premières perles en formant une boucle. Enfile 3 perles blanches, 1 grosse perle noire. Serre. Forme la seconde patte. Passe l'autre brin dans les 5 perles blanches.

3 Réalise les rangs 7 à 11 en croisant les brins.

4 Pour les nageoires, enfile 3 grosses perles noires sur chaque brin et repasse dans les 2 premières. Serre.

5 Réalise les rangs 12 à 14 en croisant les brins.

6 Pour le rang 15, enfile 1 perle noire sur chaque brin, puis croise-les dans 3 perles noires. Serre. Pour le rang 16, croise les brins dans 3 perles noires. Repasse chaque brin dans les perles noires aux extrémités du rang précédent. Ces 2 rangs se placent sur le dos du manchot.

7 Réalise le rang 17 en croisant les brins, puis les rangs 18 et 19 comme les rangs 15 et 16.

8 Réalise le rang 20 en croisant les brins. Pour le rang 21, enfile 1 perle plomb sur chaque brin, puis croise-les dans 2 perles noires. Serre.

9 Pour le bec, enfile 1 perle noire et 3 perles jaunes sur le brin de gauche. Serre. Repasse le fil dans les 2 premières perles jaunes. Serre. Enfile 1 perle noire. Passe l'autre fil dans les 2 perles noires. Repasse chaque brin, dans les perles plomb aux extrémités du rang précédent. Serre. Ces 2 derniers rangs se placent sur le dessus de la tête.

10 Croise les brins dans 2 perles noires. Serre bien, noue et rentre les fils.

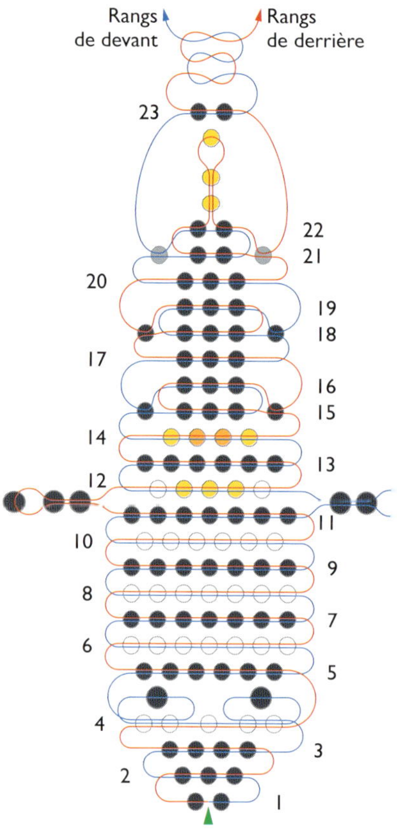

Matériel

- 1 m de fil de Nylon 0,35 mm
- 100 perles blanches
- 36 perles gris transparent
- 7 perles noires
- 6 perles orange
- 2 grosses perles orange

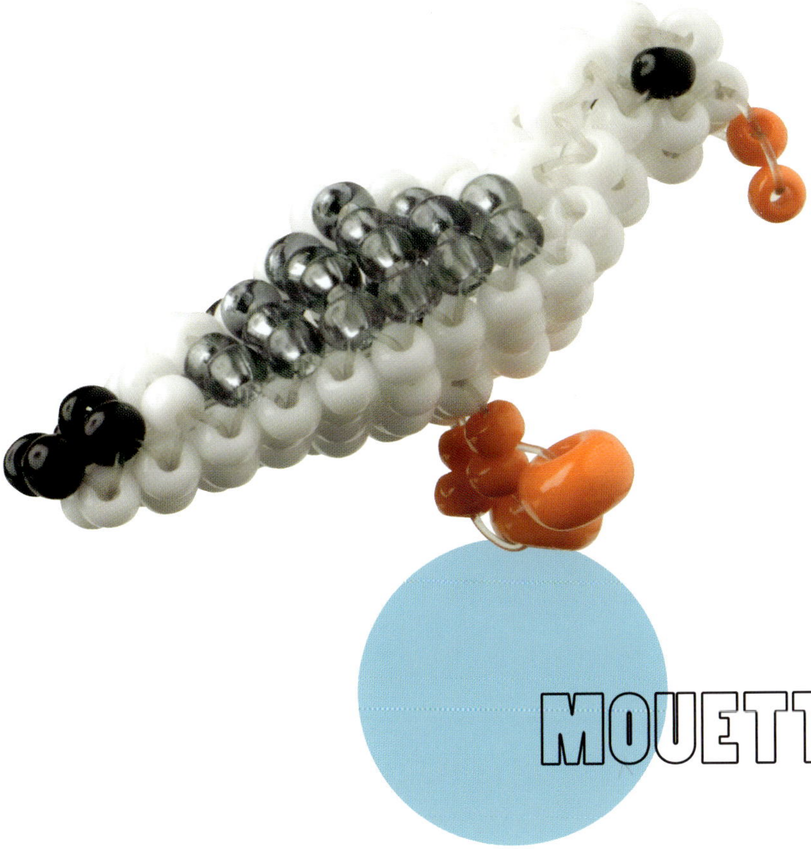

MOUETTE

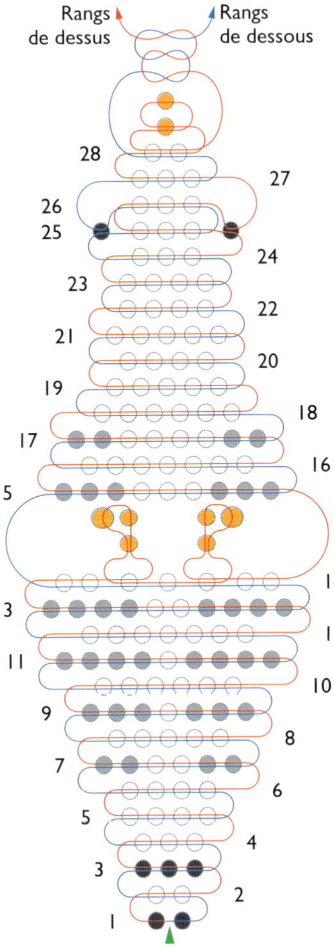

1 Pour commencer la queue, enfile les 2 perles noires du premier rang au milieu de fil. Réalise les rangs 2 à 13 en croisant les brins.

2 Rang 14, sur le brin de gauche, enfile 3 perles blanches, 2 perles orange, 1 grosse perle orange. Serre. Repasse le fil dans la première perle orange et la dernière perle blanche comme sur le dessin pour former la première patte. Enfile 2 perles blanches, réalise la seconde patte, enfile 2 perles blanches. Passe l'autre brin dans les 7 perles blanches.

3 Réalise les rangs 15 à 24 en croisant les brins.

4 Pour les yeux, au rang 25, enfile 1 perle noire sur chaque brin, puis croise-les dans 3 perles blanches. Au rang 26, croise les brins dans 3 perles blanches. Repasse chaque brin dans les perles noires aux extrémités du rang précédent. Ces 2 rangs se placent sur le dessus de la tête. Réalise le rang 27.

5 Pour le bec, sur le brin de gauche, enfile 2 perles blanches et 2 perles orange. Serre. Repasse le fil dans la première perle orange et dans les perles blanches en formant un 8. Passe l'autre brin dans les 2 perles blanches qui forment le rang 28. Serre, noue et rentre les brins de fil.

HIPPOCAMPE

Matériel

- 1,50 m de fil de Nylon 0,35 mm
- 129 perles jaunes
- 4 grosses perles jaunes
- 2 grosses perles blanches
- 2 perles noires

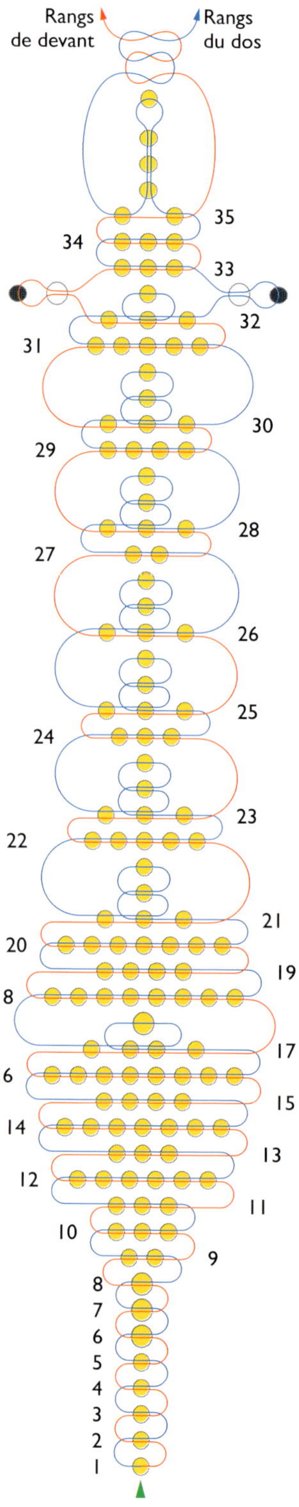

1 Pour le premier rang, enfile 1 perle jaune au milieu du fil. Réalise les rangs 2 à 16 en croisant les brins. Les 8 premiers rangs se placent à plat, les suivants alternativement devant et derrière.

2 Commence la nageoire dorsale au rang 17 en serrant bien au fur et à mesure : sur le brin de droite, enfile 3 perles jaunes et 1 grosse perle jaune, repasse le fil dans les 2 perles jaunes précédentes, enfile 1 perle jaune, puis passe l'autre brin dans les 4 perles jaunes qui forment le rang.

3 Réalise les rangs 18 à 20 en croisant les brins. Pour le rang 21, sur le brin de droite, enfile 4 perles jaunes, repasse le fil dans 2 perles en formant un 8, puis enfile 1 perle jaune. Passe l'autre fil en sens inverse dans les 3 perles qui forment le rang. Serre.

4 En suivant le même principe, continue jusqu'au rang 32 en formant la nageoire dorsale. Pour courber l'hippocampe, veille à placer successivement les rangs 25 et 26 côté dos.

5 Pour les yeux, enfile 1 grosse perle blanche et 1 perle noire sur chaque brin, puis repasse dans la perle blanche en serrant bien. Réalise le rang 33 en le plaçant côté dos comme le précédent, puis le rang 34.

6 Pour la trompe, enfile 5 perles jaunes sur le brin de droite, repasse dans 3 perles et enfile 1 perle jaune. Passe l'autre brin dans les 2 perles jaunes à la base de la trompe pour former le rang. Serre bien, noue et rentre les brins de fil.

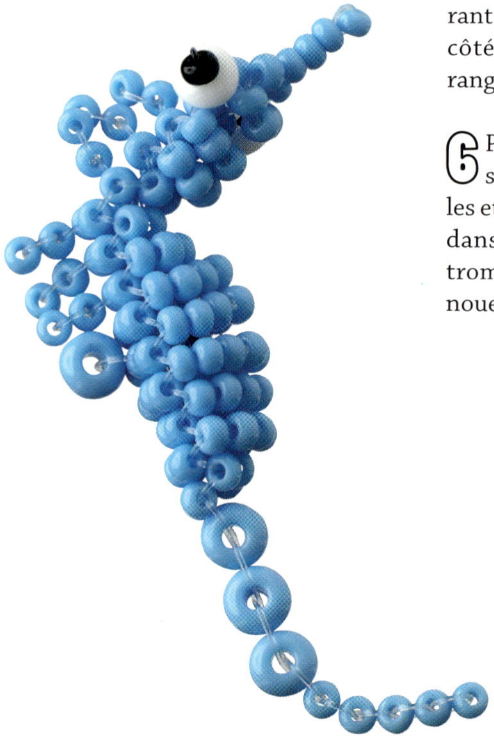

PIEUVRE

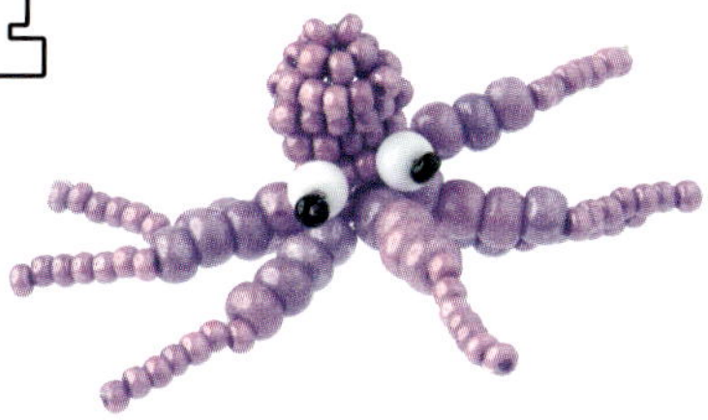

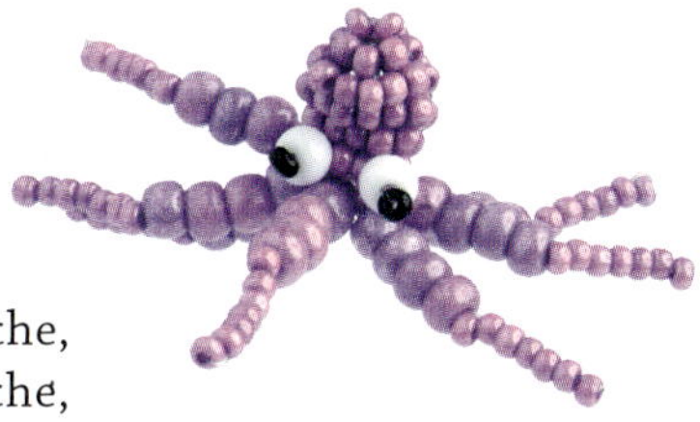

Matériel
- 1,50 m de fil de Nylon 0,35 mm
- 103 perles violettes
- 32 grosses perles violettes
- 2 grosses perles blanches
- 2 perles noires

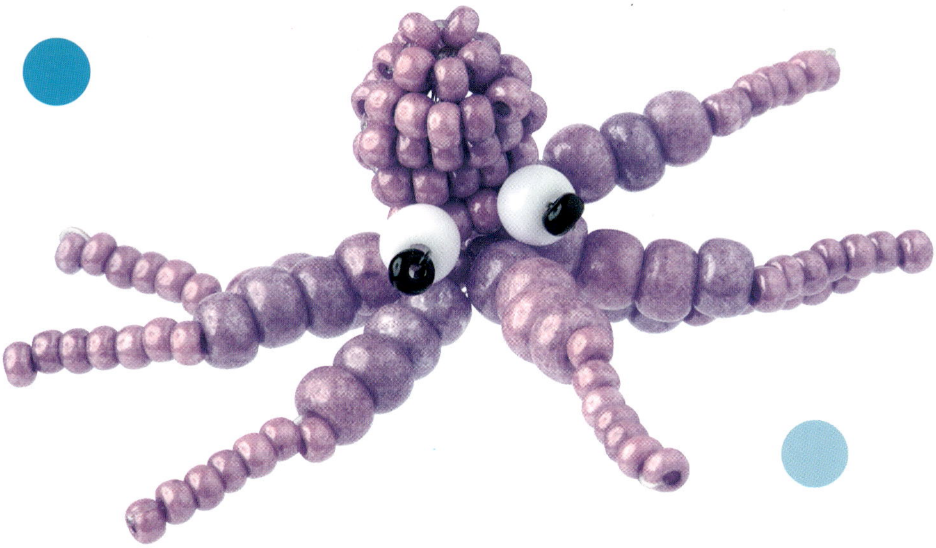

1 Enfile 1 perle violette au milieu du fil, puis 4 grosses perles violettes et 7 perles violettes. Repasse en sens inverse dans 5 perles violettes, puis dans les 4 grosses perles. Repasse dans le même sens dans la perle du début. Serre. Tu obtiens le premier tentacule. Sur le brin de gauche, réalises-en 3 autres selon le même principe en les serrant bien les uns contre les autres.
Réalise ensuite 4 tentacules sur le brin de droite. Passe le brin de gauche dans la perle du haut des 4 derniers tentacules : les 2 premiers rangs sont formés. Réalise le rang 3 en croisant les brins.

2 Au rang 4, enfile, sur le brin de gauche, 1 perle violette, 1 grosse perle blanche, 1 perle noire. Serre. Repasse dans la grosse perle blanche pour former le premier œil. Enfile 2 perles violettes, réalise le second œil, puis enfile 1 perle violette. Passe l'autre brin dans les perles violettes.

3 Réalise les rangs 5 à 11 en croisant les brins. Serre bien, noue et rentre les brins de fil.

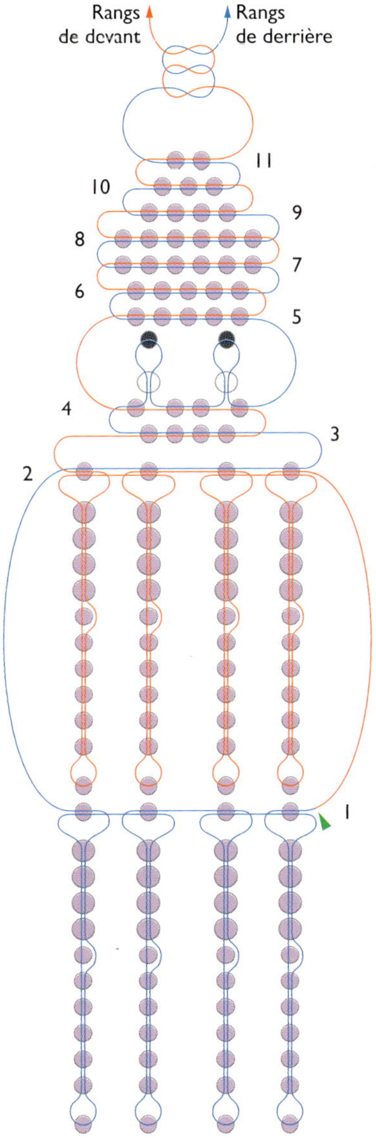

BALEINE

Matériel
- 1,20 m de fil de Nylon 0,35 mm
- 61 grosses perles bleues
- 20 perles bleues
- 19 perles translucides
- 2 grosses perles blanches
- 2 perles noires

1 Pour la queue, enfile la grosse perle bleue du rang 1 au milieu du fil, puis enfile 5 perles bleues de chaque côté. Repasse chaque brin dans l'avant-dernière perle. Enfile 5 perles sur chaque brin, puis croise dans la grosse perle bleue.

2 Réalise les rangs 2 à 10 en croisant les brins.

3 Pour le jet d'eau, au rang 11, enfile, sur le brin de droite, 4 grosses perles bleues et 9 perles translucides. Serre. Repasse dans 4 perles en sautant la dernière. Enfile 5 perles translucides et repasse dedans en sautant la dernière. Recommence une fois. Repasse ensuite dans les 4 premières perles translucides du jet. Enfile 4 grosses perles bleues. Passe l'autre brin en sens inverse dans les 8 perles bleues du rang.

4 Réalise le rang 12 en croisant les brins.

5 Au rang 13, sur le brin de droite, enfile 1 grosse perle bleue, puis 1 grosse perle blanche et 1 perle noire pour le premier œil. Serre. Repasse le fil dans la grosse perle blanche et dans la bleue en formant une boucle. Enfile 6 grosses perles bleues. Réalise le deuxième œil comme le premier. Passe l'autre brin dans les 7 perles bleues. Serre.

6 Réalise les rangs 14 à 17 en croisant les brins. Serre bien, noue et rentre les brins de fil.

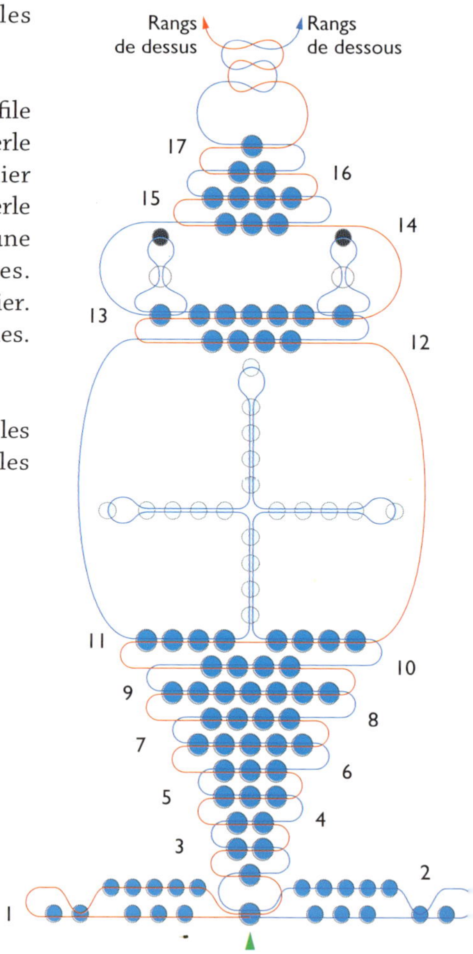

Matériel

- 1 m de fil de Nylon 0,35 mm
- 111 perles blanches
- 3 perles noires
- 4 grosses perles blanches

BÉBÉ PHOQUE

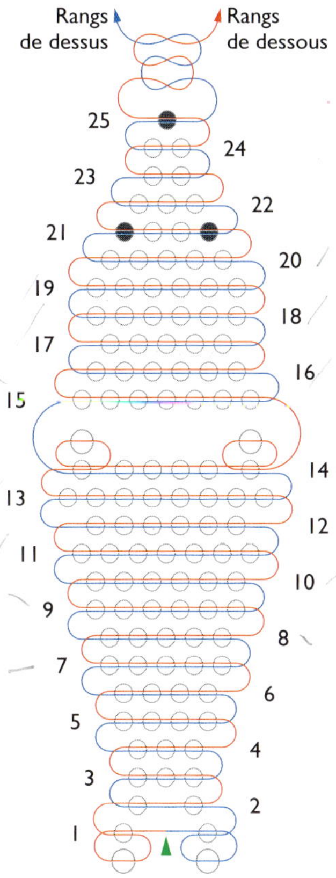

1 Pour la queue, enfile 2 perles blanches au milieu du fil et 1 grosse perle blanche de chaque côté. En formant une boucle, repasse chaque brin dans une des perles centrales (rang 1).

2 Réalise les rangs 2 à 13 en croisant les brins.

3 Au rang 14, sur le brin de gauche, enfile 1 perle blanche et 1 grosse perle blanche pour la première nageoire. Serre. Repasse le fil dans la première perle en formant une boucle. Enfile 5 perles blanches, puis 1 grosse perle blanche. Serre. Forme la seconde nageoire. Passe l'autre brin dans les 6 perles du rang.

4 Réalise les rangs 15 à 25 en croisant les brins. Serre bien, noue et rentre les brins de fil.

Amis des animaux

Au pays des perles, on croise des animaux plus attachants les uns que les autres. Apprivoise-les sans tarder !

CHIEN

Matériel

- 1,20 m de fil de Nylon 0,35 mm
- 130 perles blanches
- 31 perles marron
- 4 grosses perles blanches
- 4 grosses perles marron
- 1 grosse perle noire

1 Enfile la perle marron du premier rang au milieu du fil. Réalise les rangs 2 à 13 en croisant les brins.

2 Au rang 14, sur le brin de droite, enfile 2 perles blanches, 1 grosse perle blanche, 1 grosse perle marron. Serre. Repasse le fil dans la grosse perle blanche puis dans la 2e perle enfilée pour former la première patte arrière. Serre. Enfile 3 perles blanches. Réalise la seconde patte arrière comme la première. Enfile 1 perle marron. Passe l'autre brin dans les 6 perles qui forment le rang. Serre.

3 Réalise les rangs 15 à 19 en croisant les brins.

4 Réalise le rang 20, en formant les pattes avant selon le même principe que les pattes arrière. Réalise les rangs 21 et 22 en croisant les brins.

5 Au rang 23, sur le fil de gauche, enfile 13 perles blanches. Serre. Repasse le fil dans la 4e perle enfilée pour former la première oreille. Serre. Enfile 3 perles blanches et 10 perles marron. Serre. Repasse le fil dans la 4e perle enfilée pour former la seconde oreille. Serre. Enfile 3 perles blanches. Passe l'autre brin dans les 9 perles qui forment le rang.

6 Réalise les rangs 24 à 30 en croisant les brins. Au rang 31, pour la truffe, enfile sur le brin de gauche, 1 perle blanche, 1 grosse perle noire et 1 perle blanche. Passe l'autre brin dans les 2 perles blanches. Serre. Termine en croisant les brins dans 1 perle blanche. Serre bien, noue et rentre les brins de fil.

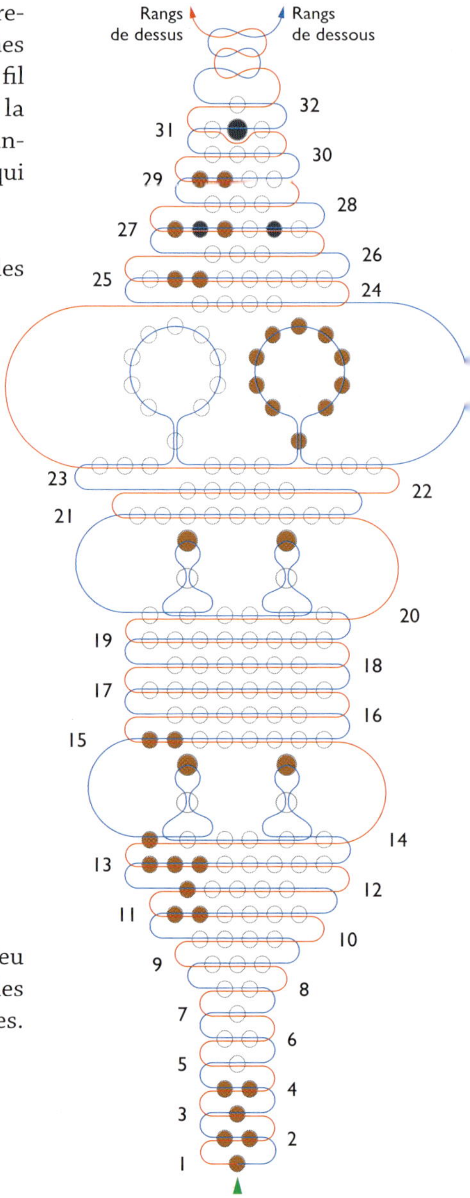

OS

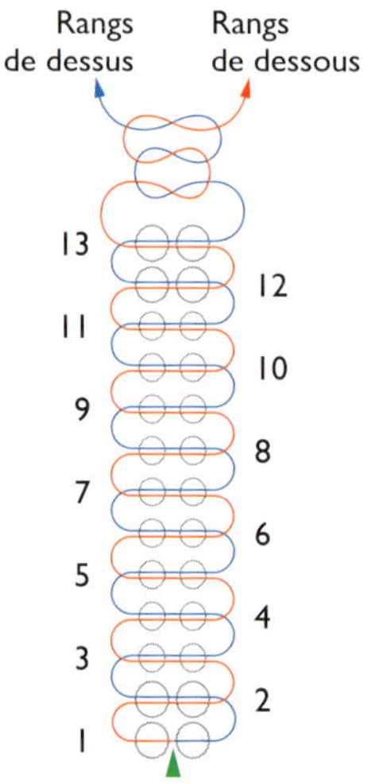

Matériel

- 0,50 m de fil de Nylon 0,35 mm
- 18 perles blanches
- 8 grosses perles blanches

Enfile 2 grosses perles blanches au milieu du fil. Réalise tous les rangs en croisant les brins et en respectant la taille des perles. Noue et rentre les brins de fil.

CHATS

Matériel
- 1,30 m de fil de Nylon 0,35 mm
- 180 perles blanches
- 2 perles noires
- 1 perle rose
- 10 grosses perles blanches

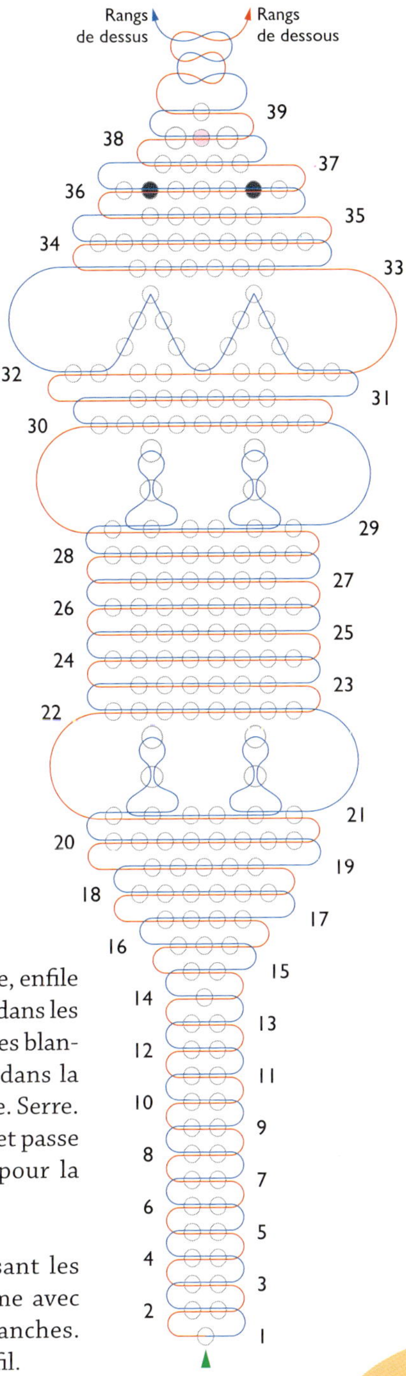

1 Pour le premier rang, enfile 1 perle blanche au milieu du fil. Réalise les rangs 2 à 20 en croisant les brins.

2 Au rang 21, sur le brin de gauche, enfile 2 perles blanches et 2 grosses perles blanches. Serre. Repasse dans la première grosse perle banche et la dernière perle blanche pour former la première patte arrière. Enfile 3 perles blanches et 2 grosses perles blanches. Serre. Réalise la seconde patte arrière comme la première. Enfile 1 perle blanche. Passe l'autre brin dans les 6 perles blanches qui forment le rang.

3 Réalise les rangs 22 à 28 en croisant les brins. Réalise le rang 29 comme le rang 21 pour former les pattes avant. Réalise les rangs 30 et 31 en croisant les brins.

4 Pour le rang 32, sur le brin de gauche, enfile 9 perles blanches. Passe l'autre brin dans les 2 dernières perles du rang. Enfile 5 perles blanches, saute 2 perles du rang et passe dans la suivante pour former la première oreille. Serre. Enfile 5 perles blanches, saute 2 perles et passe dans 2 perles à l'extrémité du rang pour la seconde oreille. Serre.

5 Réalise les rangs 32 à 39 en croisant les brins. Le rang du museau se forme avec 1 perle rose entre 2 grosses perles banches. Serre bien, noue et rentre les brins de fil.

Variante
Pour réaliser un chat rayé, tisse alternativement 2 rangs d'une couleur et 2 rangs d'une autre couleur.

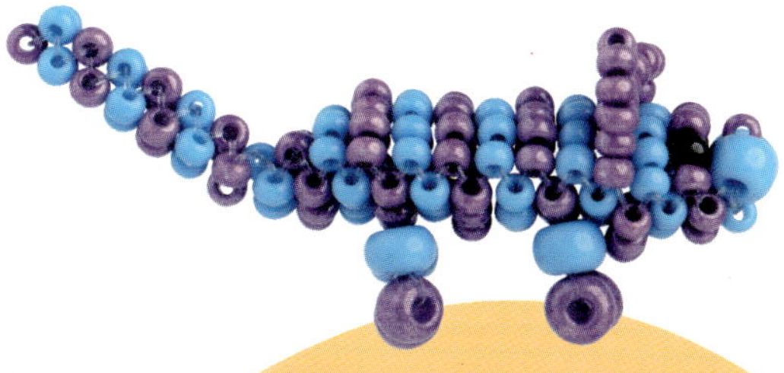

SOURIS

Matériel

- 1 m de fil de Nylon 0,35 mm
- 93 perles blanches
- 3 perles roses
- 2 perles noires
- 4 grosses perles blanches

1 Pour le premier rang, enfile 1 perle blanche au milieu du fil. Réalise les rangs 2 à 14 en croisant les brins. Les 10 premiers rangs se placent à plat, les suivants alternativement dessous et dessus.

2 Au rang 15, sur le brin de gauche, enfile 2 perles blanches et 1 grosse perle blanche. Serre. Repasse le fil dans les 2 perles blanches pour former la première patte arrière. Serre. Enfile 4 perles blanches et 1 grosse perle blanche. Serre. Forme la seconde patte arrière comme la première. Serre. Passe l'autre brin dans les 6 perles blanches qui forment le rang.

3 Réalise les rangs 16 à 18 en croisant les brins. Au rang 19, en veillant à enfiler le bon nombre de perles, forme les pattes avant comme les pattes arrière.

4 Réalise les rangs 20 et 21 en croisant les brins.

5 Au rang 22, sur le brin de droite, enfile 1 perle blanche, 1 perle rose et 6 perles blanches. Serre. Repasse le fil dans la perle rose pour former la première oreille. Serre. Enfile 1 perle blanche, 1 perle rose et 6 perles blanches. Serre. Repasse le fil dans la perle rose pour former la seconde oreille. Serre. Enfile 1 perle blanche. Serre. Passe l'autre brin dans les 5 perles qui forment le rang. Serre.

6 Réalise les rangs 23 à 28 en croisant les brins. Serre bien, noue et rentre les brins de fil.

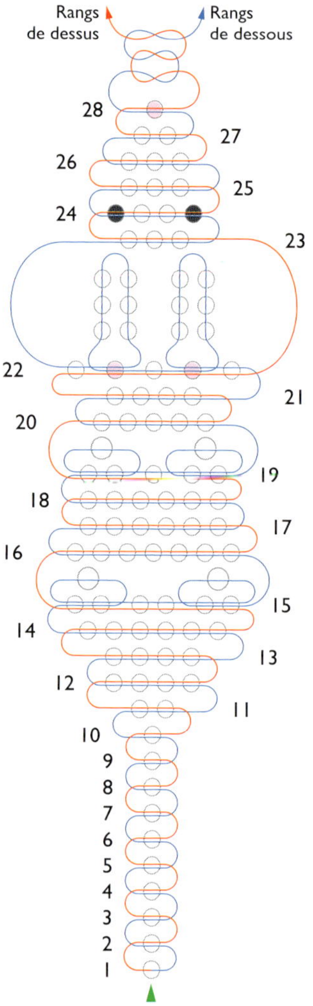

RAT

Matériel
- 1,20 m de fil de Nylon 0,35 mm
- 152 perles grises
- 2 perles roses
- 2 perles noires
- 5 grosses perles noires
- 2 grosses perles blanches

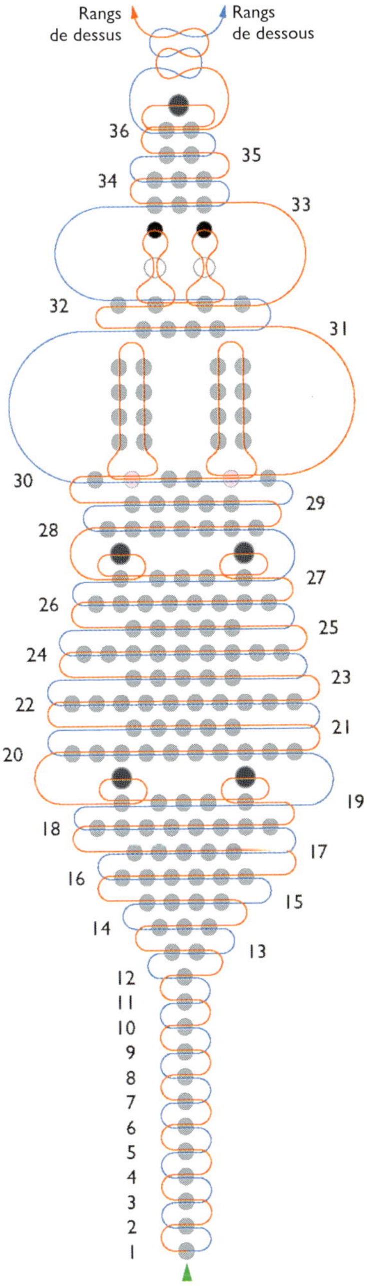

1 Pour le premier rang, enfile 1 perle grise au milieu du fil. Réalise les rangs 2 à 18 en croisant les brins. Les rangs 1 à 12 se placent à plat, les suivants alternativement dessous et dessus.

2 Au rang 19, sur le brin de droite, enfile 1 perle grise et 1 grosse perle noire. Serre. Repasse le fil dans la perle grise pour former la première patte arrière. Serre. Enfile 4 perles grises et 1 grosse perle noire. Serre. Forme la seconde patte arrière comme la première. Serre. Passe l'autre brin dans les 5 perles grises qui forment le rang.

3 Réalise les rangs 20 à 26 en croisant les brins. Pour les pattes avant, réalise le rang 27 comme le rang 19.

4 Réalise les rangs 28 et 29 en croisant les brins.

5 Au rang 30, sur le brin de droite, enfile 1 perle grise, 1 perle rose, 2 perles grises, 1 perle rose et 1 perle grise. Passe l'autre brin dans les 2 premières perles. Enfile 8 perles grises, serre, puis repasse le fil dans la perle rose pour former la première oreille. Passe-le ensuite dans les 3 perles suivantes. Serre. Forme la seconde oreille comme la première, passe le fil dans la dernière perle grise du rang. Serre.

6 Réalise le rang 31 en croisant les brins. Au rang 32, sur le brin de gauche, enfile 2 perles grises, 1 grosse perle blanche et 1 perle noire. Serre. Repasse le fil dans la grosse perle blanche et dans la dernière perle grise pour former le premier œil. Serre. Forme le second œil comme le premier. Enfile 1 perle grise. Passe l'autre brin dans les 4 perles grises qui forment le rang. Serre.

7 Réalise les rangs 33 à 35 en croisant les brins. Au rang 36, pour le museau, enfile 2 perles grises et 1 grosse perle noire sur le brin de gauche. Serre. Repasse le fil dans les 2 perles grises en formant une boucle. Serre. Passe l'autre brin dans les 2 perles grises. Serre bien, noue et rentre les brins de fils.

GRENOUILLE

Matériel
- 1 m de fil de Nylon 0,35 mm
- 80 perles vertes
- 2 perles noires
- 6 grosses perles vertes
- 2 grosses perles blanches

1 Pour le premier rang, enfile 2 perles vertes au milieu du fil. Réalise le rang 2 en croisant les brins.

2 Pour les pattes arrière, sur chaque brin, enfile 3 grosses perles vertes et 8 perles vertes. Serre. Saute 4 perles vertes, repasse dans les 4 suivantes, enfile 2 nouvelles perles vertes, puis repasse dans les 3 grosses perles vertes.

3 Réalise les rangs 3 à 7 en croisant les brins.

4 Pour les pattes avant, sur chaque brin, enfile 10 perles vertes. Serre. Saute 4 perles, repasse dans les 2 suivantes, saute 2 perles, puis repasse dans les 2 dernières perles. Serre.

5 Enfile le rang 8 en croisant les brins. Au rang 9, sur le brin de droite, enfile 1 perle verte, 1 grosse perle blanche et 1 perle noire. Serre. Repasse le fil dans la grosse perle blanche et dans la perle verte pour former le premier œil. Enfile 3 perles vertes, 1 grosse perle blanche, 1 perle noire, et forme le second œil comme le premier. Passe l'autre brin dans les 4 perles vertes qui forment le rang.

6 Réalise les rangs 10 et 11 en croisant les brins. Serre bien, noue et rentre les brins de fils.

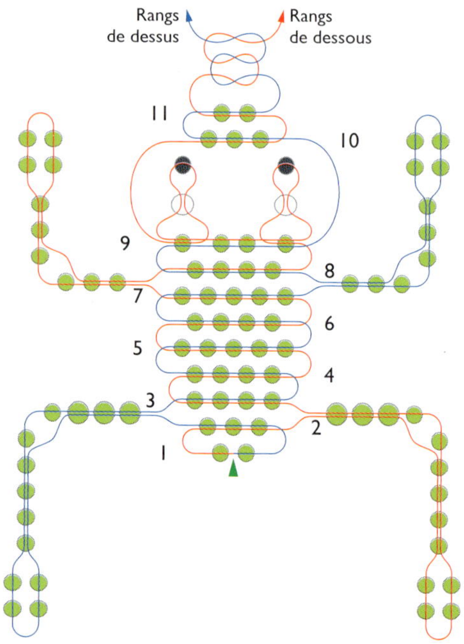

LAPIN

Matériel
- 1,30 m de fil de Nylon 0,35 mm
- 125 perles blanches
- 47 perles marron
- 2 perles noires
- 1 perle rose
- 8 grosses perles blanches

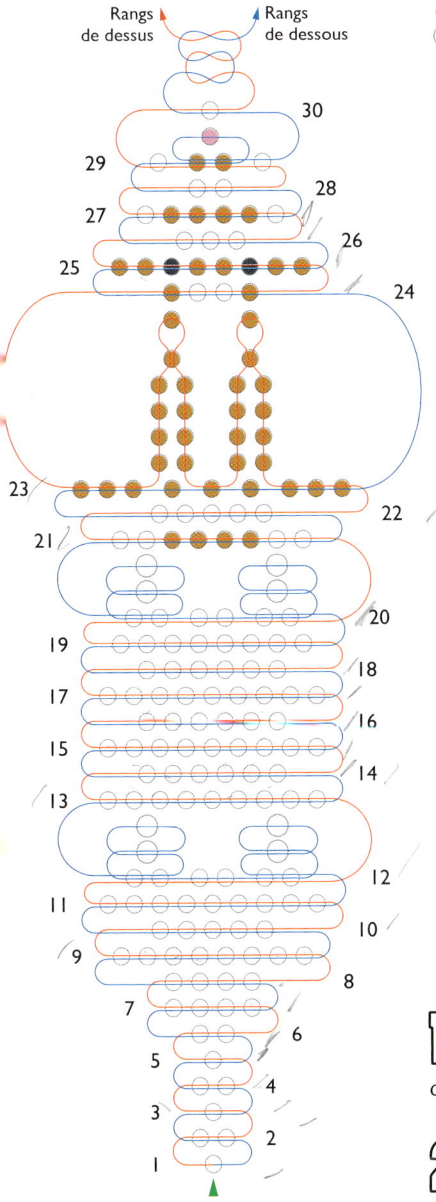

1 Pour le premier rang, enfile 1 perle blanche au milieu du fil. Réalise les rangs 3 à 11 en croisant les brins.

2 Au rang 12, sur le brin de droite, enfile 2 perles blanches et 2 grosses perles blanches. Serre. Pour la première patte arrière, repasse le fil dans la première grosse perle et dans les 2 perles blanches en formant un 8. Enfile 4 perles blanches et 2 grosses perles blanches. Serre. Forme la seconde patte arrière comme la première. Passe l'autre brin dans les 6 perles qui forment le rang.

3 Réalise les rangs 13 à 19 en croisant les brins. Pour les pattes avant, réalise le rang 20 comme le rang 12.

4 Réalise les rangs 21 et 22 en croisant les brins.

5 Sur le brin de gauche, enfile les 9 perles marron du rang 23. Passe l'autre brin dans les 3 premières perles du rang. Pour la première oreille, enfile 6 perles marron, repasse le fil dans l'avant-dernière perle, serre, enfile 4 perles marron. Passe le fil dans la perle centrale du rang. Serre. Réalise la seconde oreille comme la première. Passe le fil dans les 3 dernières perles du rang. Serre.

6 Réalise les rangs 24 à 28 en croisant les brins.

7 Pour le museau, au rang 29, sur le brin de gauche, enfile 1 perle blanche, 2 perles marron et 1 perle rose. Serre. Repasse le fil dans les 2 perles marron. Serre. Enfile 1 perle blanche. Passe l'autre brin dans les perles blanches et marron. Serre. Croise les brins dans 1 perle blanche. Serre bien, noue et rentre les brins de fils.

VACHE

Matériel

- 1,40 m de fil de Nylon 0,35 mm
- 97 perles blanches
- 42 perles noires
- 4 perles marron
- 18 perles roses
- 2 perles plomb
- 8 grosses perles blanches
- 5 grosses perles noires

1 Pour le premier rang, enfile 1 grosse perle noire au milieu du fil. Réalise les rangs 2 à 7 en croisant les brins. Les rangs 1 à 4 se placent à plat, les suivants alternativement dessus et dessous.

2 Au rang 8, sur le brin de gauche, enfile 2 perles blanches, 2 grosses perles blanches et 1 grosse perle noire. Serre. Pour la première patte arrière, repasse le fil dans les 2 grosses perles blanches et dans la deuxième perle blanche en formant une boucle. Serre. Enfile 3 perles blanches, 2 grosses perles blanches et 1 grosse perle noire, puis forme la seconde patte arrière comme la première. Enfile 1 perle blanche. Passe l'autre brin dans les 6 perles blanches qui forment le rang. Serre.

3 Réalise le rang 9 en croisant les brins. Commence le pis au rang 10 en serrant bien au fur et à mesure : sur le brin de gauche, enfile 2 perles blanches et 2 perles roses, repasse dans la première perle rose, enfile 2 perles roses, repasse dans la première, enfile 2 perles blanches. Passe l'autre brin dans les 6 perles qui forment le rang. Réalise le rang 11 en croisant les brins, puis le rang 12 comme le rang 10.

4 Réalise les rangs 13 à 17 en croisant les brins. Au rang 18, réalise les pattes avant comme les pattes arrière en respectant la couleur des perles sur le rang.

5 Réalise les rangs 19 et 20 en croisant les brins.

6 Au rang 21, sur le brin de droite, enfile 5 perles blanches. Serre. Repasse le fil dans la deuxième perle blanche pour former la première oreille. Serre. Enfile 1 perle blanche, 1 perle noire, 2 perles marron. Serre. Repasse le fil dans la première perle marron pour former la première corne. Serre. Enfile 2 perles noires et 2 perles marron. Forme la seconde corne. Enfile 1 perle noire, 5 perles blanches et forme la seconde oreille. Serre. Enfile 1 perle blanche. Passe l'autre brin dans les 8 perles qui forment le rang.

7 Réalise les rangs 22 à 28 en croisant les brins. Pour les naseaux, enfile 1 perle noire sur chaque brin, puis croise-les dans 1 perle rose. Serre bien, noue et rentre les brins de fils.

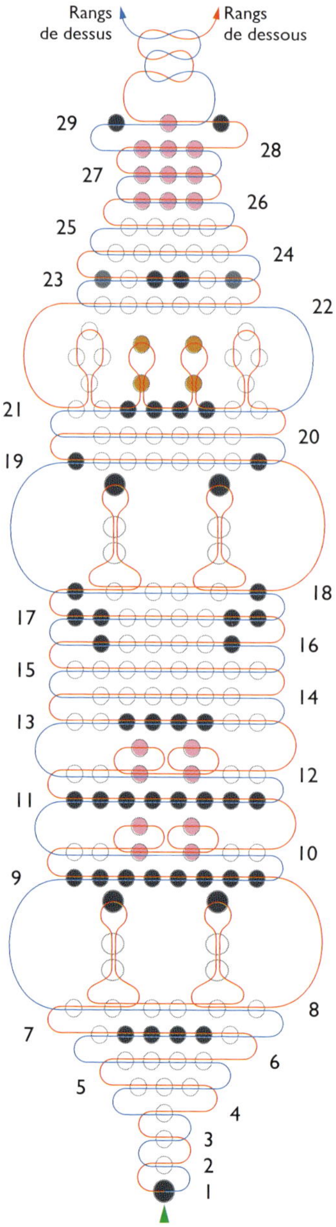

COCHON

Matériel
- 1,30 m de fil de Nylon 0,35 mm
- 160 perles roses
- 2 perles noires
- 8 grosses perles roses

1 Pour le premier rang, enfile 1 perle rose au milieu du fil.

2 Au rang 2, sur le brin de gauche, enfile 3 perles roses. Serre. Repasse le fil dans la première perle rose en formant une boucle. Serre. Passe l'autre brin dans cette même perle. Serre.

3 Enfile les rangs 3 à 6 en croisant les brins. Au rang 7, sur le brin de droite, enfile 2 perles roses et 2 grosses perles roses. Serre. Pour la première patte arrière, repasse le fil dans la première grosse perle rose et dans la deuxième perle rose en formant une boucle. Enfile 3 perles roses et 2 grosses perles roses, puis forme la seconde patte arrière comme la première. Enfile 1 perle rose. Passe l'autre brin dans les 6 perles roses qui forment le rang.

4 Enfile les rangs 8 à 16 en croisant les brins. Pour les pattes avant, réalise le rang 17 comme le rang 7. Enfile les rangs 18 et 19 en croisant les brins.

5 Au rang 20, sur le brin de gauche, enfile 7 perles roses. Serre. Pour former la première oreille, repasse le fil dans l'avant-dernière perle rose, serre, enfile 2 perles roses, puis repasse le fil dans le même sens dans les deuxième et troisième perles roses. Serre. Enfile 8 perles roses. Serre. Termine la seconde oreille comme la première. Enfile 1 perle rose. Passe l'autre brin dans les 8 perles roses qui forment le rang.

6 Réalise les rangs 21 à 26 en croisant les brins. Pour le groin, enfile 1 perle rose sur chaque brin, puis croise-les dans 1 perle rose. Serre bien, noue et rentre les brins de fils.

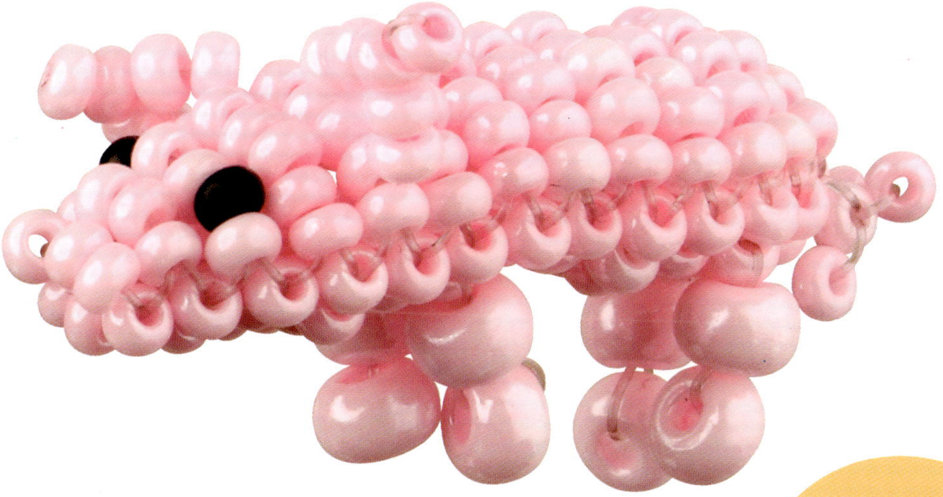

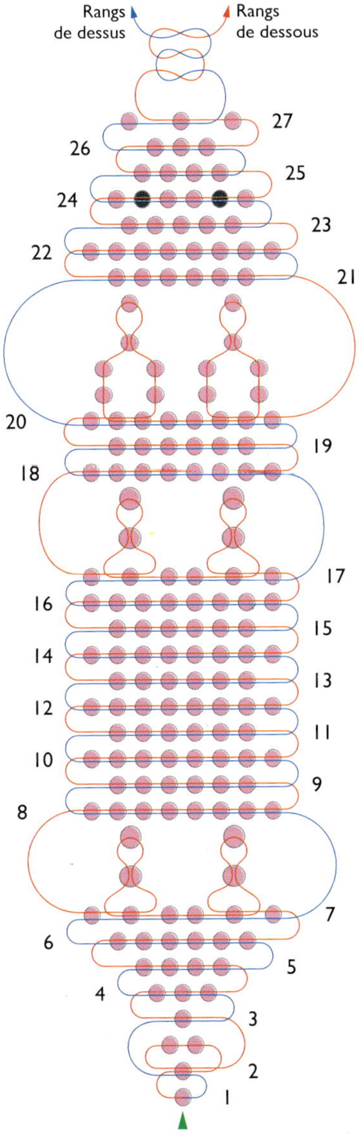

Drôles de petites bêtes

Libellules, coccinelles, mille-pattes ou guêpes… Qu'elles volent ou qu'elles rampent, ces petites bêtes curieuses sont bien farfelues !

LIBELLULES

Matériel
- 1 m de fil de Nylon 0,35 mm
- 48 perles turquoise
- 28 perles bleu foncé
- 80 perles translucides
- 4 perles noires
- 2 grosses perles noires
- 2 grosses perles blanches

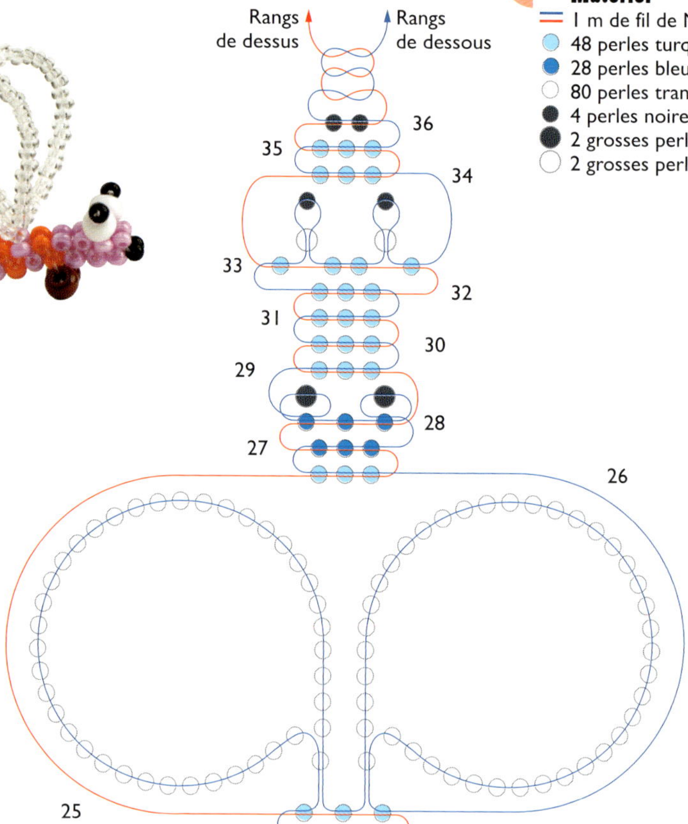

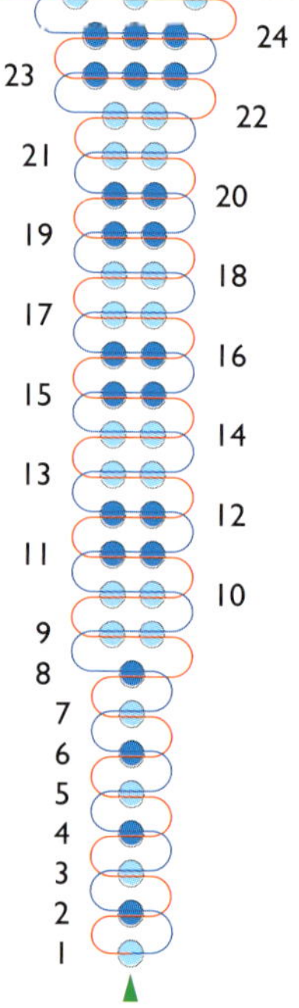

1 Enfile la perle turquoise du premier rang au milieu du fil. Réalise les rangs 2 à 24 en croisant les brins. Les 8 premiers rangs se placent à plat, les suivants alternativement dessus et dessous.

2 Au rang 25, sur le brin de gauche, enfile 1 perle turquoise et 40 perles translucides. Serre. Repasse le fil dans la première perle translucide pour former la première aile. Serre. Enfile 1 perle turquoise et 40 perles translucides et forme la seconde aile. Serre. Enfile 1 perle turquoise. Passe l'autre brin dans les 3 perles turquoise.

3 Réalise les rangs 26 et 27 en croisant les brins.

4 Au rang 28, sur le brin de droite, enfile 1 perle bleu foncé et 1 grosse perle noire, puis repasse le fil dans la perle bleu foncé pour former la première patte. Serre. Enfile 2 perles bleu foncé et une grosse perle noire. Forme la seconde patte comme la première. Serre. Passe l'autre brin dans les 3 perles bleu foncé.

5 Réalise les rangs 29 à 32 en croisant les brins.

6 Au rang 33, sur le brin de gauche, enfile 1 perle turquoise, 1 grosse perle blanche et 1 perle noire, serre puis repasse dans la grosse perle blanche pour former le premier œil. Enfile 2 perles turquoise, puis réalise le second œil comme le premier. Enfile 1 perle turquoise. Passe l'autre brin dans les 4 perles turquoise. Serre.

7 Réalise les rangs 34 à 36 en croisant les brins. Serre bien, noue et rentre les brins de fil.

Variantes
Change la couleur des rayures et des pattes et réalise un mobile !

Matériel

- 1 m de fil de Nylon 0,35 mm
- 72 perles rouges
- 35 perles noires
- 6 perles blanches
- 6 grosses perles noires
- 2 grosses perles blanches

COCCINELLE

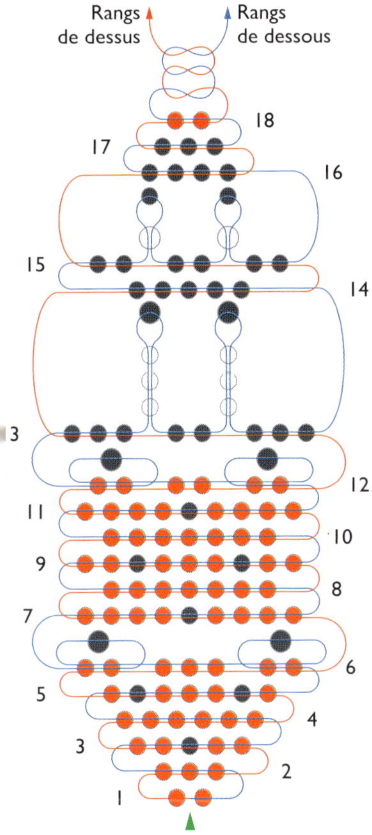

1 Enfile les 2 perles rouges du premier rang au milieu du fil. Réalise les rangs 2 à 5 en croisant les brins.

2 Au rang 6, sur le brin de droite, enfile 2 perles rouges et 1 grosse perle noire. Serre. Pour la première patte, repasse le fil dans les 2 perles rouges en formant une boucle. Serre. Enfile 5 perles rouges et 1 grosse perle noire, puis forme la seconde patte comme la première. Passe l'autre brin dans les 7 perles rouges.

3 Réalise les rangs 7 à 11 en croisant les brins.

4 Au rang 12, en veillant au nombre de perles du rang, réalise les pattes avant comme les pattes arrière.

5 Au rang 13, sur le brin de gauche, enfile 3 perles noires, 3 perles blanches et 1 grosse perle noire. Serre. Repasse le fil dans les perles blanches. Serre. Enfile 2 perles noires, 3 perles blanches et 1 grosse perle noire. Serre. Forme la seconde antenne comme la première. Enfile 3 perles noires. Passe l'autre brin dans les 8 perles noires du rang.

6 Réalise le rang 14 en croisant les brins. Au rang 15, en veillant au nombre et à la taille des perles, réalise les yeux selon le même principe que les antennes. Réalise les rangs 16 à 18 en croisant les brins. Serre bien, noue et rentre les brins de fil.

ARAIGNÉES

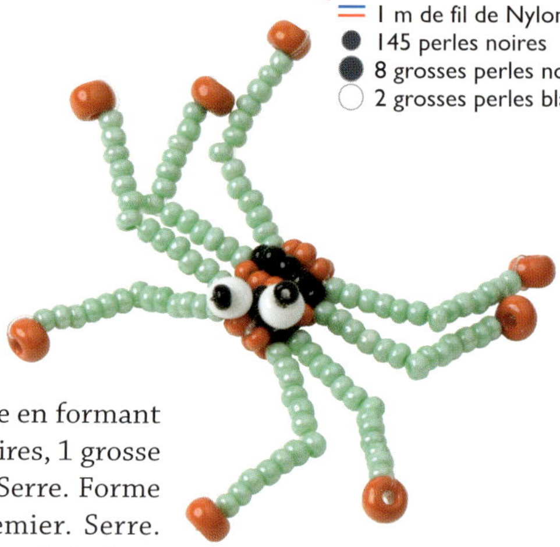

Matériel
- 1 m de fil de Nylon 0,35 mm
- 145 perles noires
- 8 grosses perles noires
- 2 grosses perles blanches

1 Enfile les 2 perles noires du premier rang au milieu du fil. Réalise le rang 2 en croisant les brins.

2 Sur chaque brin, pour la première série de pattes, enfile 13 perles noires et 1 grosse perle noire. Serre. Repasse chaque brin dans les perles noires en sautant la grosse perle et la septième perle. Serre.

3 Réalise les rangs 3 à 7 en croisant les brins et en insérant 2 autres séries de pattes.

4 Au rang 8, sur le brin de droite, enfile 2 perles noires, 1 grosse perle blanche et 1 perle noire. Serre. Pour le premier œil, repasse le fil dans la grosse perle blanche et dans la dernière perle noire en formant une boucle. Enfile 2 perles noires, 1 grosse perle blanche, 1 perle noire. Serre. Forme le second œil comme le premier. Serre. Enfile 1 perle noire. Passe l'autre brin dans les 5 perles noires du rang. Serre.

5 Réalise la dernière série de pattes, puis les rangs 9 et 10 en croisant les brins. Serre bien, noue et rentre les brins de fil.

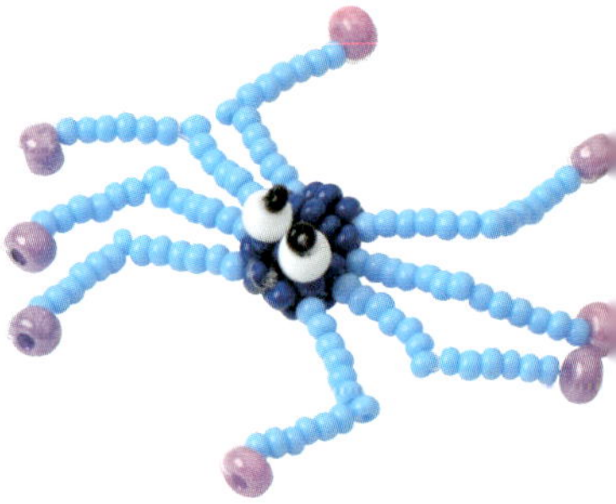

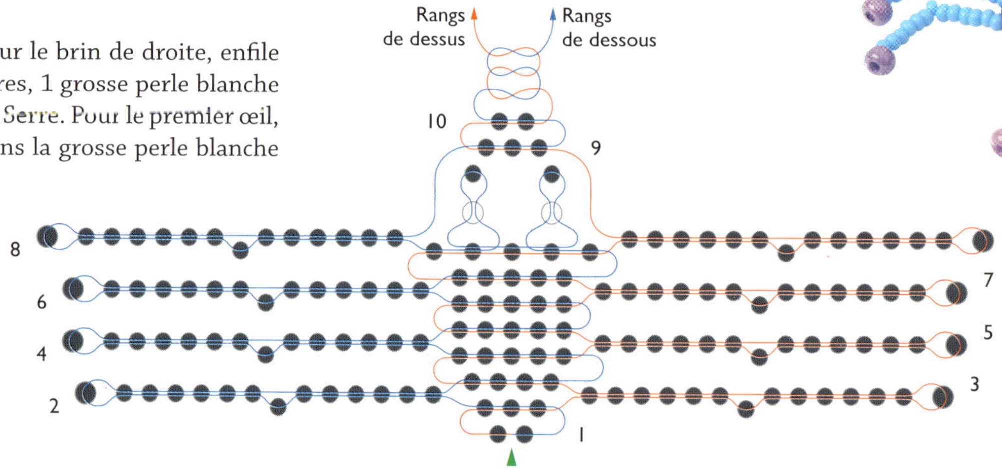

Variantes
À toi d'imaginer toutes sortes de bestioles en changeant les couleurs !

GUÊPES

Matériel
- 1,20 m de fil de Nylon 0,35 mm
- 67 perles jaunes
- 51 perles noires
- 52 perles translucides
- 4 grosses perles noires
- 2 grosses perles jaunes
- 2 grosses perles blanches

1 Enfile la perle noire du premier rang au milieu du fil. Réalise les rangs 1 à 9 en croisant les brins. Les 3 premiers rangs se placent à plat, les suivants alternativement dessous et dessus.

2 Au rang 10, sur le brin de droite, enfile 2 perles noires puis, pour la première patte arrière, 1 perle jaune, 1 perle noire, 1 perle jaune et 1 grosse perle noire. Serre. Repasse le fil dans la perle jaune, la perle noire et la perle jaune. Serre. Enfile 2 perles noires. Réalise la seconde patte comme la première. Enfile 2 perles noires. Passe l'autre brin dans les 6 perles noires du rang.

3 Réalise les rangs 11 et 12 en croisant les brins.

4 Au rang 13, sur le brin de gauche, enfile 3 perles noires et 26 perles translucides. Serre. Repasse dans la première perle translucide pour former la première aile. Serre. Enfile 1 perle noire et 26 perles translucides, puis forme la seconde aile. Serre. Enfile 3 perles noires. Passe l'autre brin dans les 7 perles noires. Serre.

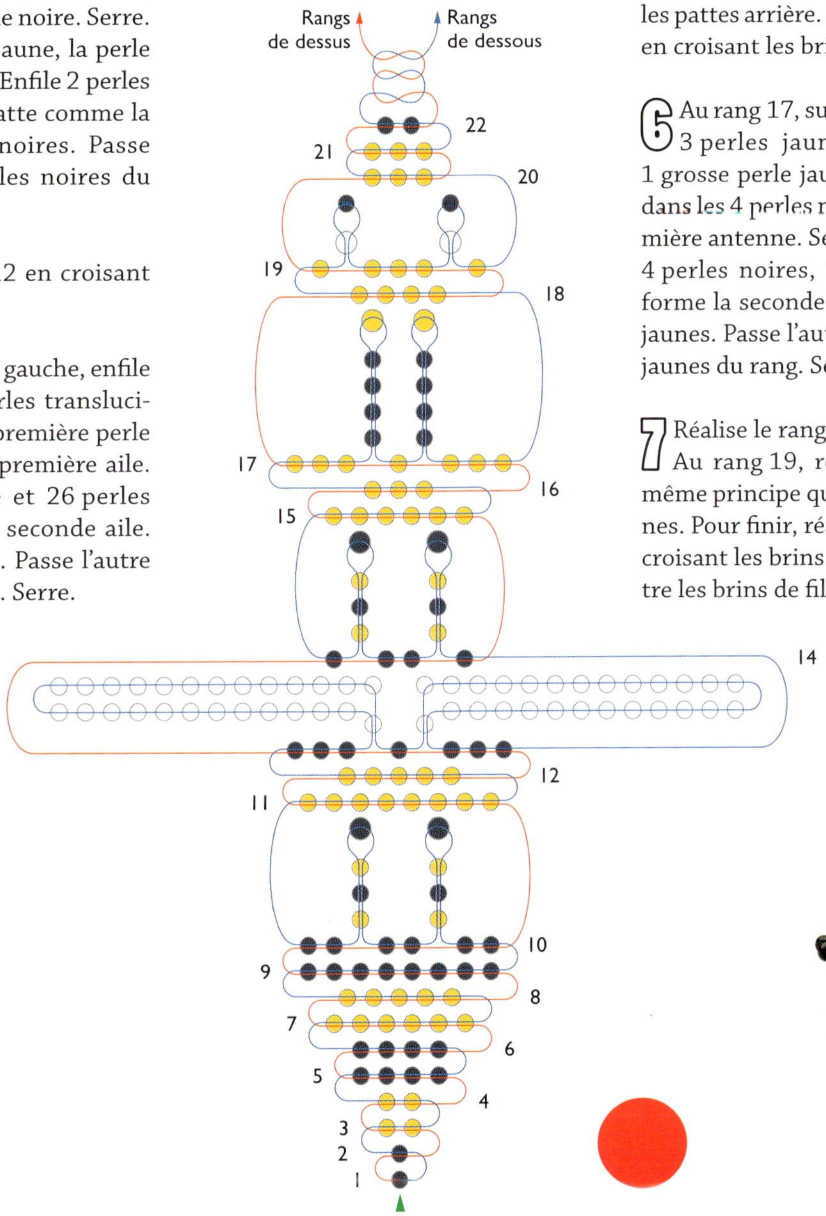

5 Au rang 14, en veillant au nombre de perles, réalise les pattes avant comme les pattes arrière. Réalise les rangs 15 et 16 en croisant les brins.

6 Au rang 17, sur le brin de gauche, enfile 3 perles jaunes, 4 perles noires et 1 grosse perle jaune. Serre. Repasse le fil dans les 4 perles noires pour former la première antenne. Serre. Enfile 1 perle jaune, 4 perles noires, 1 grosse perle jaune et forme la seconde antenne. Enfile 3 perles jaunes. Passe l'autre brin dans les 7 perles jaunes du rang. Serre.

7 Réalise le rang 18 en croisant les brins. Au rang 19, réalise les yeux selon le même principe que les pattes et les antennes. Pour finir, réalise les rangs 20 à 22 en croisant les brins. Serre bien, noue et rentre les brins de fil.

MILLE-PATTES

Matériel
- 1,60 m de fil de Nylon 0,35 mm
- 23 perles orange
- 20 perles vertes
- 20 perles bleues
- 20 perles rose moyen
- 20 perles jaunes
- 20 perles violettes
- 20 perles marron
- 20 perles rouges
- 60 perles blanches
- 25 perles rose clair
- 4 perles noires
- 18 grosses perles noires
- 2 grosses perles blanches

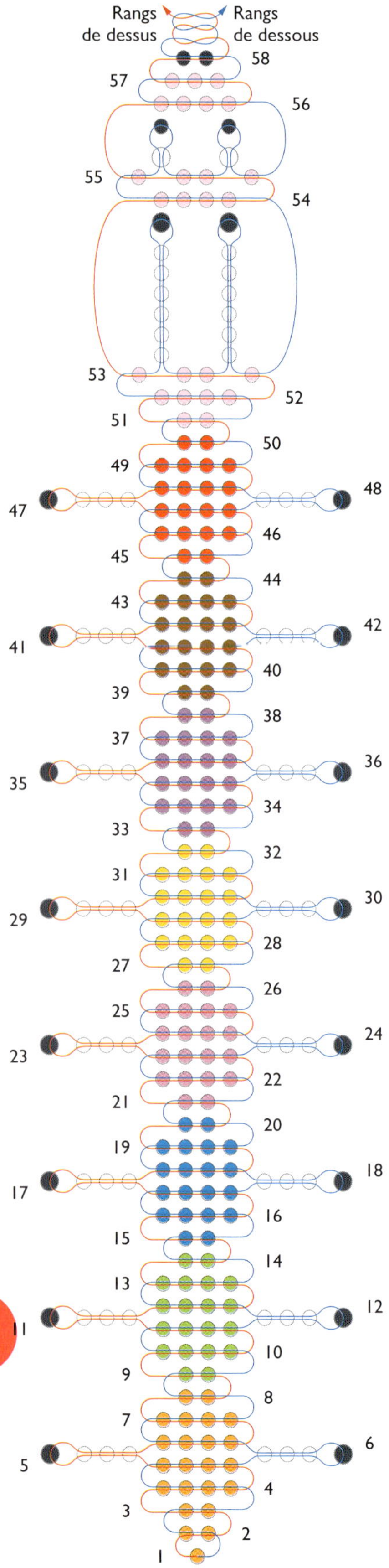

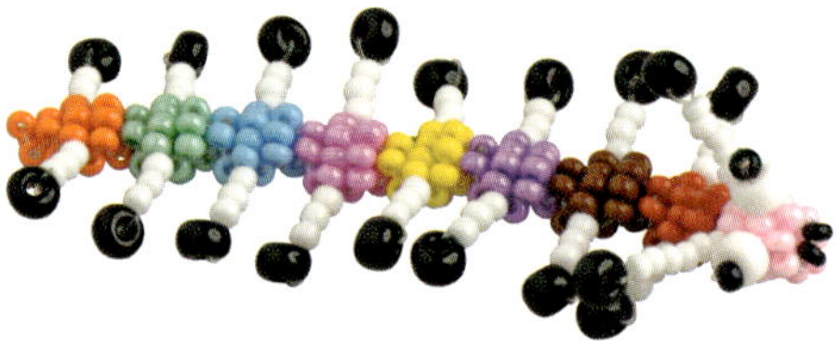

1 Enfile la perle orange du premier rang au milieu du fil. Réalise les rangs 2 à 5 en croisant les brins.

2 Pour la première série de pattes, sur chaque brin, enfile 3 perles blanches et 1 grosse perle noire. Serre. Repasse chaque brin dans les 3 perles blanches. Serre.

3 Réalise les rangs 6 à 52 en croisant les brins et en insérant les 7 autres séries de pattes.

4 Au rang 53, sur le brin de gauche, enfile 1 perle rose clair, 6 perles blanches et 1 grosse perle noire. Serre. Repasse le fil dans les 6 perles blanches pour former la première antenne. Serre. Enfile 2 perles roses, 6 perles blanches et 1 grosse perle noire. Forme la seconde antenne comme la première. Enfile 1 perle rose. Passe l'autre brin dans les perles roses. Serre.

5 Réalise le rang 54 en croisant les brins.

6 Au rang 55, sur le brin de gauche, enfile 1 perle rose, 1 grosse perle blanche et 1 perle noire. Serre. Repasse le fil dans la grosse perle blanche pour former le premier œil. Serre. Enfile 2 perles roses, 1 grosse perle blanche et 1 perle noire. Forme le second œil comme le premier. Enfile 1 perle rose. Passe l'autre brin dans les perles roses. Serre.

7 Réalise les rangs 56 à 58 en croisant les brins. Serre bien, noue et rentre les fils.

Matériel
- 1,20 m de fil de Nylon 0,35 mm
- 107 perles vert clair
- 16 grosses perles vertes
- 2 grosses perles blanches
- 4 perles noires

CHENILLES

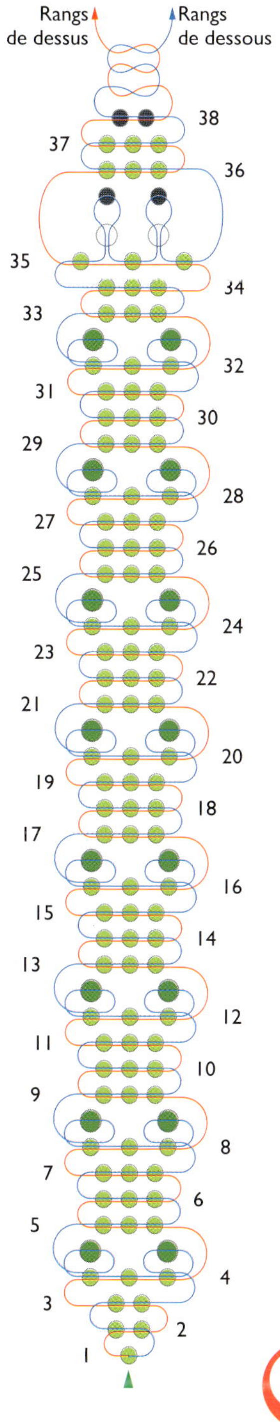

1 Enfile la perle verte du premier rang au milieu du fil. Réalise les rangs 2 et 3 en croisant les brins.

2 Au rang 4, pour la première série de pattes, sur le brin de droite, enfile 1 perle vert clair et 1 grosse perle verte, puis repasse dans la perle vert clair. Serre. Enfile 2 perles vert clair et 1 grosse perle verte, puis repasse dans la dernière perle vert clair. Serre. Passe l'autre brin dans les 3 perles vert clair.

3 Réalise les rangs 5 à 7 en croisant les brins, puis le rang 8 comme le rang 4. Continue ainsi jusqu'au rang 34.

4 Au rang 35, sur le brin de gauche, enfile 1 perle vert clair, 1 grosse perle blanche et 1 perle noire. Serre. Repasse le fil dans la grosse perle blanche pour former le premier œil. Serre. Enfile 1 perle vert clair, 1 grosse perle blanche et 1 perle noire, puis forme le second œil. Enfile 1 perle vert clair. Passe l'autre brin dans les 3 perles vert clair. Serre.

5 Réalise les rangs 36 à 38 en croisant les brins. Serre bien, noue et rentre les brins de fil.

Variante
Pour les rayures, alterne 2 rangs d'une couleur et 2 rangs d'une autre.

SERPENT À SONNETTE

Matériel
- 2 m de fil de Nylon 0,35 mm
- 153 perles orange
- 64 perles noires
- 2 grosses perles blanches
- 1 grelot

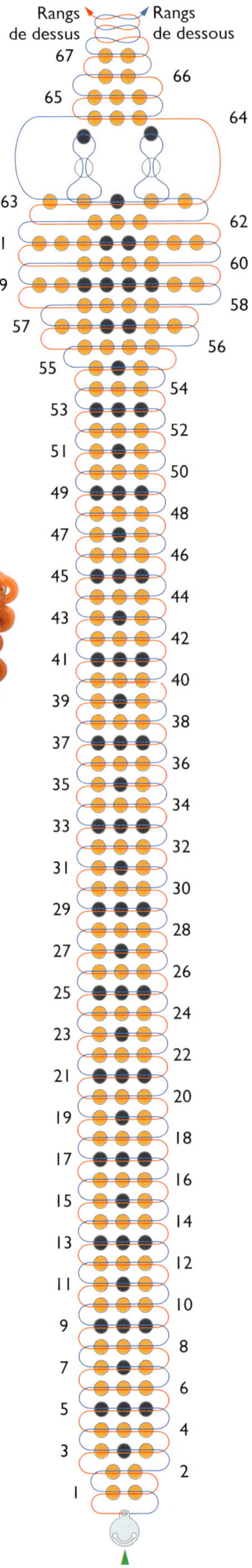

1 Enfile le grelot au milieu du fil. Réalise les rangs 1 à 62 en croisant les brins.

2 Au rang 63, sur le brin de droite, enfile 2 perles orange, 1 grosse perle blanche et 1 perle noire. Serre. Pour le premier œil, repasse le fil en sens inverse dans la grosse perle blanche et dans la dernière perle orange en formant une boucle. Serre. Enfile 1 perle noire, 1 perle orange, 1 grosse perle blanche et 1 perle noire. Forme le second œil comme le premier. Enfile 1 perle orange. Passe l'autre brin dans les 5 perles qui forment le rang.

3 Réalise les rangs 64 à 67 en croisant les brins. Serre bien, noue et rentre les brins de fil.

SCORPION

Matériel
- 1,50 m de fil de Nylon 0,35 mm
- 145 perles marron
- 7 grosses perles marron
- 2 grosses perles blanches
- 2 perles noires

1 Enfile la perle marron du premier rang au milieu du fil. Réalise les rangs 2 à 13 en croisant les brins. Les rangs 1 à 8 se placent à plat, les suivants alternativement dessous et dessus.

2 Pour la première série de pattes, sur chaque brin, enfile 7 perles marron. Serre. Repasse chaque brin en sens inverse en sautant la dernière perle et la quatrième perle. Serre.

3 Réalise les rangs 14 à 25 en croisant les brins et en insérant 2 autres séries de pattes. Après le rang 25, réalise la quatrième série de pattes.

4 Au rang 26, sur le brin de droite, pour le premier œil, enfile 1 perle marron, 1 grosse perle blanche et 1 perle noire. Serre. Repasse le fil dans la grosse perle blanche et dans la première perle marron en formant une boucle. Serre. Réalise le second œil de la même manière. Passe l'autre brin dans les 2 perles marron du rang. Serre.

5 Pour les pinces, sur chaque brin, enfile 5 perles marron, 1 grosse perle marron et 3 perles marron. Serre. Saute la dernière perle et repasse le fil dans les 2 perles suivantes. Enfile 1 perle marron. Serre. Repasse le fil dans la dernière perle. Repasse le fil dans la grosse perle, les 2 perles suivantes, saute 1 perle, repasse le fil dans les 2 perles suivantes. Serre.

6 Au rang 27, croise les brins dans 1 perle marron. Serre bien, noue et rentre les brins de fil.

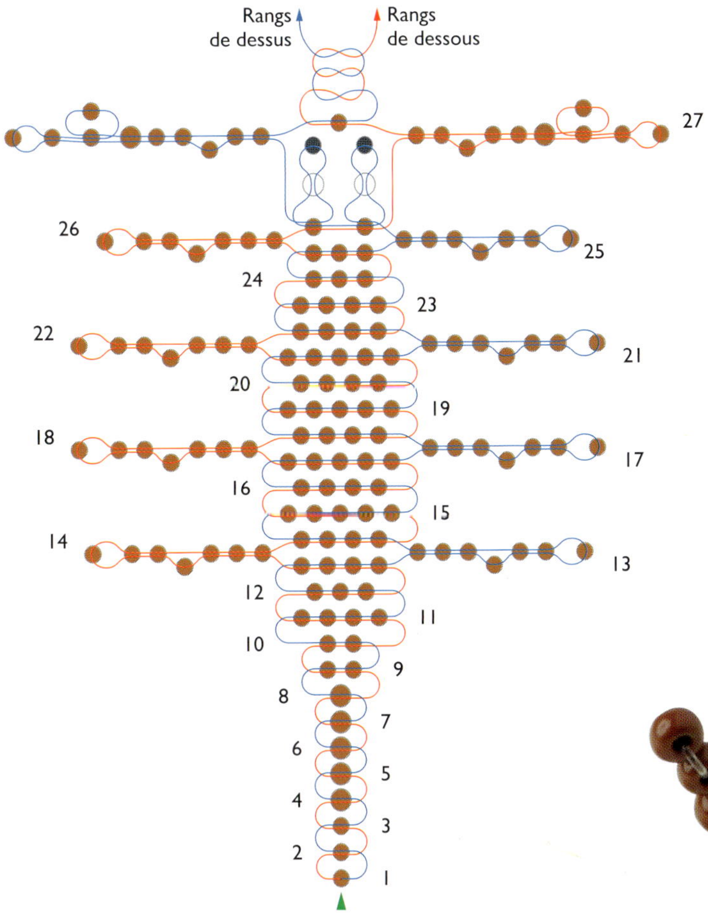

Les aventures de
Robotik & Cybertoutou
LES HOMMES
DE L'ESPACE
Specta
de chan
La chorale des enfa

Personnages en ribambelle

Que le spectacle commence ! Robot, squelette, martiens ou drôles de bonshommes n'attendent que toi pour entrer dans la danse...

EXTRATERRESTRE

Matériel
- 1,30 m de fil de Nylon 0,35 mm
- 152 perles vertes
- 18 grosses perles vertes
- 2 grosses perles blanches
- 2 perles noires

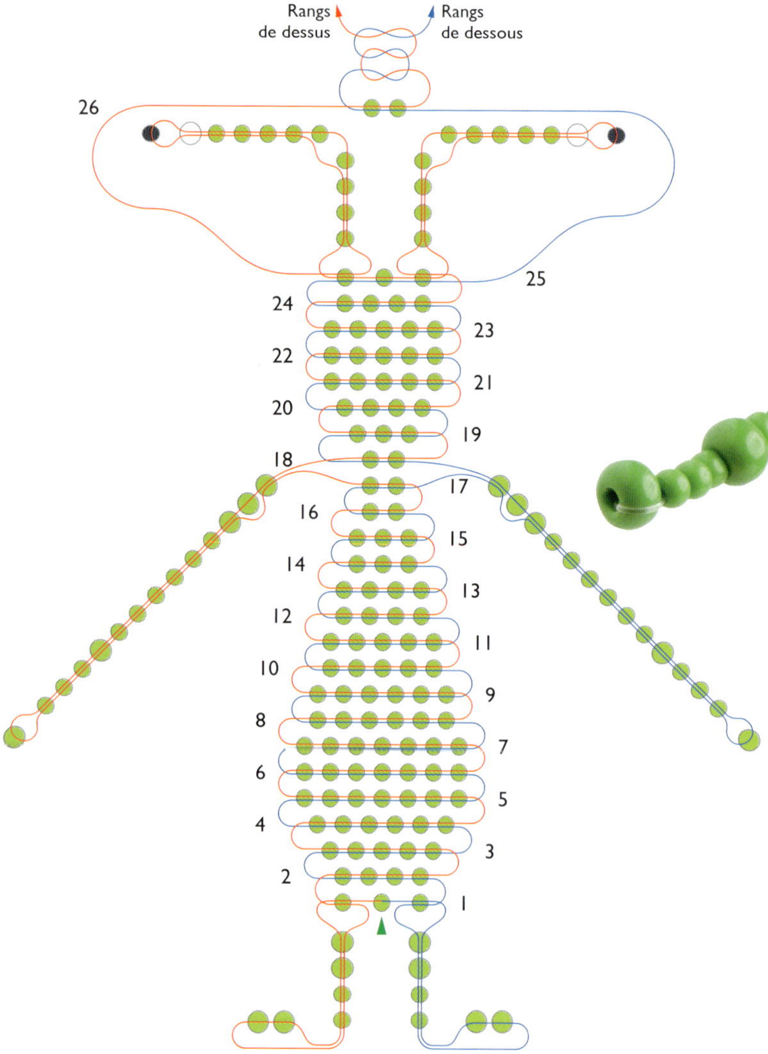

1 Enfile les 3 perles vertes du premier rang au milieu du fil. Pour les jambes, sur chaque brin, enfile 2 grosses perles vertes, 2 perles vertes et 2 grosses perles vertes. Repasse chaque brin comme sur le dessin. Serre.

2 Réalise les rangs 2 à 17 en croisant les brins.

3 Pour les bras, sur chaque brin, enfile 2 grosses perles vertes, 6 perles vertes, 1 grosse perle verte, 3 perles vertes et 1 grosse perle verte. Serre. Saute la dernière et repasse chaque brin dans les 11 perles suivantes. Serre. Enfile 1 grosse perle verte et repasse dans la dernière grosse perle verte du bras. Serre.

4 Réalise les rangs 18 à 24 en croisant les brins.

5 Au rang 25, pour le premier œil, enfile sur le brin de droite 10 perles vertes, 1 grosse perle blanche et 1 perle noire. Serre. Repasse le fil dans la grosse perle blanche et dans 4 perles vertes, saute 2 perles vertes, repasse dans 3 perles vertes, puis dans la première perle verte en formant une boucle. Serre. Enfile 1 perle verte. Réalise ensuite le second œil comme le premier. Passe l'autre brin en sens inverse dans les 3 perles du rang. Pour terminer, croise les brins dans 2 perles vertes. Serre bien, noue et rentre les brins de fil.

Matériel
- 1,30 m de fil de Nylon 0,35 mm
- 136 perles plomb
- 22 grosses perles plomb
- 2 perles rouges diamantées

CYBERCHIEN

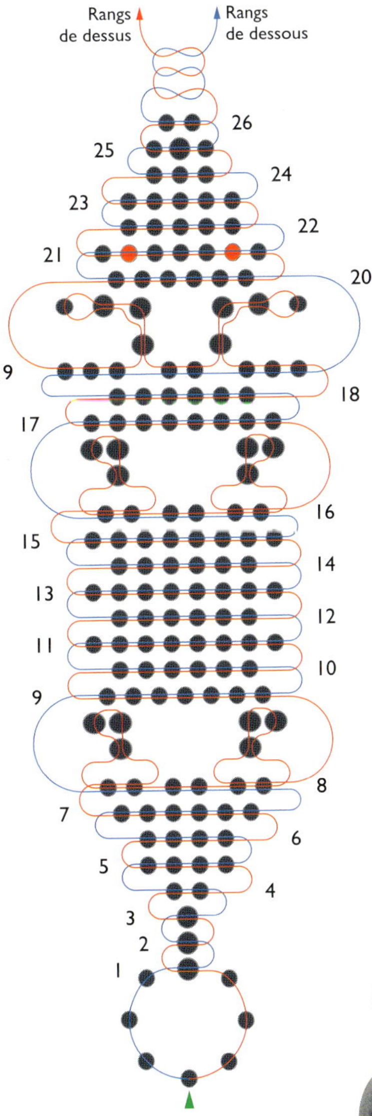

1 Enfile 7 perles plomb au milieu du fil. Croise les brins dans 1 grosse perle plomb (rang 1).

2 Réalise les rangs 2 à 7 en croisant les brins. Les 3 premiers rangs du cyberchien se placent à plat, les suivants alternativement dessous et dessus.

3 Au rang 8, sur le brin de gauche, enfile 2 perles plomb et 3 grosses perles plomb. Serre. Repasse le fil dans la première grosse perle, puis dans les 2 perles plomb pour former la première patte arrière. Enfile 4 perles plomb et 3 grosses perles plomb. Serre. Forme la deuxième patte arrière. Passe l'autre brin dans les 6 perles plomb qui forment le rang.

4 Réalise les rangs 9 à 15 en croisant les brins, puis pour les pattes avant, réalise le rang 16 comme le rang 8.

5 Réalise les rangs 17 et 18 en croisant les brins.

6 Au rang 19, sur le brin de droite, enfile 3 perles plomb, 2 grosses perles plomb et 1 perle plomb. Serre. Pour former la première antenne, repasse le fil dans la deuxième grosse perle plomb, enfile 1 grosse perle plomb, puis repasse dans la première grosse perle. Serre. Enfile 2 perles plomb, 3 grosses perles plomb et 1 perle plomb. Forme la seconde antenne. Enfile 3 perles plomb. Passe l'autre brin dans les 8 perles plomb qui forment le rang.

7 Réalise les rangs 20 à 26 en croisant les brins : utilise 2 perles rouges diamantées pour les yeux et une grosse perle plomb pour la truffe. Serre bien, noue et rentre les brins de fil.

ROBOT

Matériel
- 1,30 m de fil de Nylon 0,35 mm
- 164 perles plomb
- 25 grosses perles plomb
- 2 grosses perles blanches

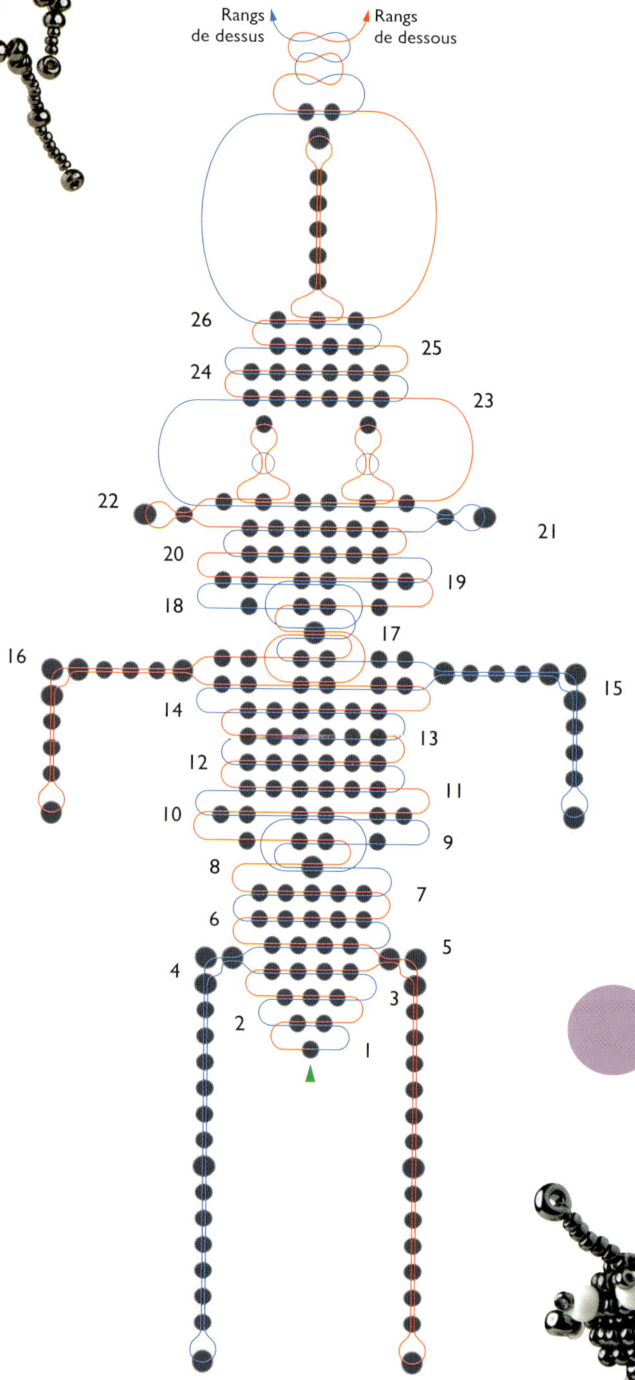

1 Enfile la perle plomb du premier rang au milieu du fil. Réalise les rangs 2 à 4 en croisant les brins.

2 Pour les jambes, sur chaque brin, enfile 2 grosses perles plomb, 6 perles plomb, 1 grosse perle plomb, 6 perles plomb et 1 grosse perle plomb. Serre. Saute la dernière perle, puis repasse le fil dans les perles jusqu'à la deuxième. Enfile 1 grosse perle plomb et repasse le fil dans la dernière perle. Serre.

3 Réalise les rangs 5 à 7 en croisant les brins.

4 Pour former la taille, au rang 8, croise les fils dans 1 grosse perle plomb. Au rang 9, croise les brins dans 2 perles plomb, puis enfile sur chaque brin 1 perle plomb. Serre. Au rang 10, sur le brin de droite, enfile 4 perles plomb. Passe le fil dans la grosse perle du rang 8. Serre. Repasse le fil dans les 2 dernières perles plomb enfilées. Serre. Enfile 2 perles plomb. Passe l'autre brin dans les 6 perles plomb qui forment le rang. Serre.

5 Réalise les rangs 11 à 15 en croisant les brins. Pour les bras, sur chaque brin, enfile 1 grosse perle plomb, 3 perles plomb, 2 grosses perles plomb, 3 perles plomb et 1 grosse perle plomb. Serre. Saute la dernière perle, repasse le fil dans 3 perles plomb et la grosse perle plomb suivante. Enfile 1 grosse perle plomb, puis repasse dans les 5 autres perles. Serre.

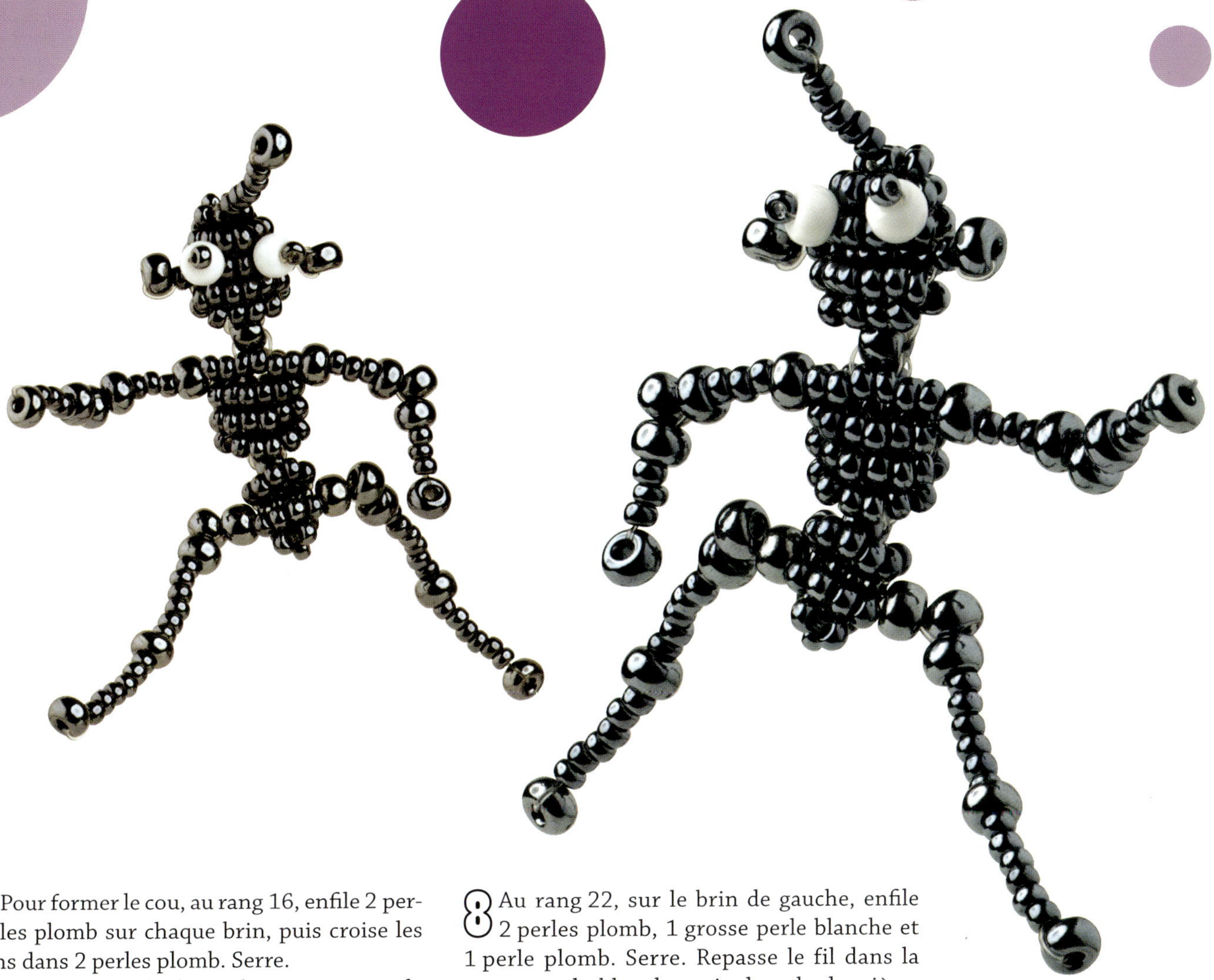

6 Pour former le cou, au rang 16, enfile 2 perles plomb sur chaque brin, puis croise les brins dans 2 perles plomb. Serre.
Au rang 17, croise les brins dans 1 grosse perle plomb. Serre. Repasse le brin de gauche dans les 2 perles centrales du rang 15, puis de nouveau dans la grosse perle plomb. Serre.
Au rang 18, croise les brins dans 2 perles plomb, puis enfile 1 perle plomb sur chaque brin. Serre.
Au rang 19, sur le brin de gauche, enfile 4 perles plomb. Serre. Repasse le fil dans la grosse perle du rang 17 puis dans les 2 dernières perles plomb enfilées. Serre. Enfile 2 perles plomb. Passe l'autre brin dans les 6 perles qui forment le rang. Serre.

7 Réalise les rangs 20 et 21 en croisant les brins. Pour les oreilles, sur chaque brin, enfile 1 perle plomb et 1 grosse perle plomb. Serre. Repasse le fil dans la perle plomb. Serre.

8 Au rang 22, sur le brin de gauche, enfile 2 perles plomb, 1 grosse perle blanche et 1 perle plomb. Serre. Repasse le fil dans la grosse perle blanche puis dans la deuxième perle plomb pour former le premier œil. Enfile 3 perles plomb, 1 grosse perle blanche et 1 perle plomb. Serre. Forme le second œil. Enfile 1 perle plomb. Passe l'autre brin dans les 6 perles plomb du rang. Serre.

9 Réalise les rangs 23 à 25 en croisant les brins.

10 Au rang 26, sur le brin de gauche, enfile 7 perles plomb et 1 grosse perle plomb. Serre. Repasse le fil dans 6 perles plomb comme sur le dessin pour former l'antenne. Enfile 1 perle plomb. Passe l'autre brin dans les 3 perles plomb qui forment le rang. Serre. Croise les brins dans 2 perles plomb. Serre bien, noue et rentre les brins de fil.

SQUELETTE

Matériel
- 1,30 m de fil de Nylon 0,35 mm
- 134 perles blanches
- 18 grosses perles blanches
- 1 perle noire
- 2 grosses perles noires

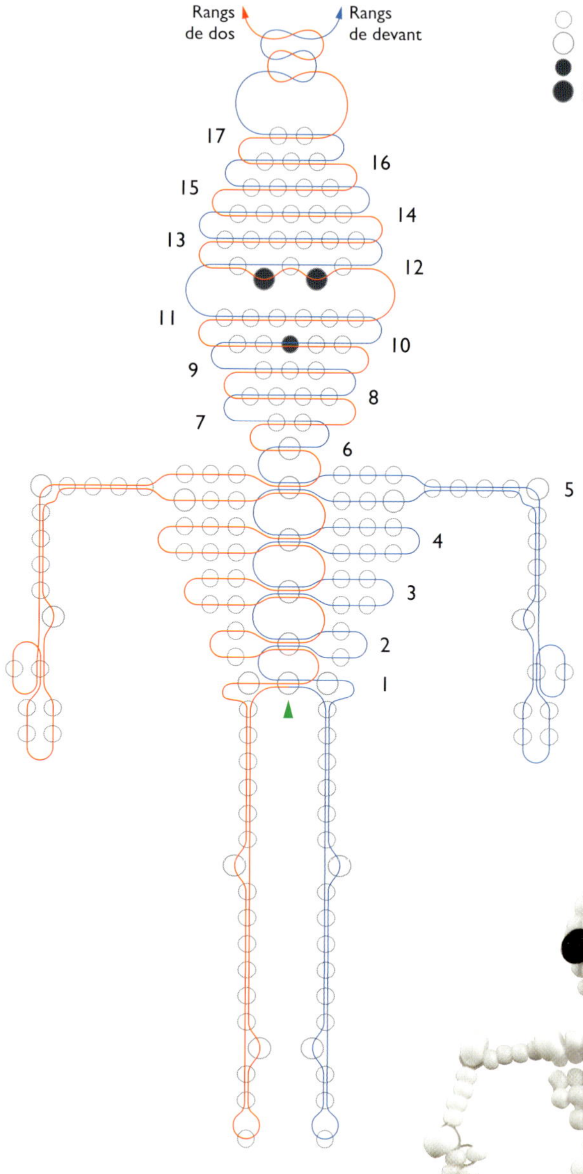

1 Enfile la perle grosse perle blanche du premier rang au milieu du fil. Pour les jambes, sur chaque brin, enfile 12 perles blanches, 1 grosse perle blanche et 3 perles blanches. Serre les perles modérément pour donner une certaine souplesse au squelette. Repasse chaque brin dans les 2 avant-dernières perles, saute la grosse perle blanche. Passe ensuite dans 6 perles blanches, enfile 1 grosse perle blanche, 2 fois. Croise les brins dans la grosse perle du début. Serre.

2 Au rang 2, pour la première série de côtes, croise les brins dans 1 grosse perle blanche, serre. Enfile 2 perles blanches sur chaque brin, puis recroise les brins dans la grosse perle blanche. Serre. Aux rangs 3 et 4, réalise 2 autres séries en augmentant le nombre de perles comme sur le dessin.

3 Au rang 5, pour les épaules et les bras, croise les brins dans 1 grosse perle. Sur l'un des brins, enfile 2 perles blanches, 1 grosse perle blanche, 8 perles blanches, 1 grosse perle blanche et 5 perles blanches. Serre les perles modérément. Repasse le fil dans la première perle du dernier groupe de 5 perles blanches pour former la main. Enfile 1 perle blanche et repasse dans la même perle pour le pouce. Saute la grosse perle blanche et repasse dans les 4 perles blanches suivantes, enfile 1 grosse perle blanche pour le coude, repasse dans les 4 perles blanches suivantes, serre, enfile 3 perles blanches. Procède de la même manière sur le second brin, puis croise-les dans la grosse perle blanche centrale. Serre.

4 Réalise les rangs 6 à 11 en croisant les brins. Au rang 12, pour les yeux, sur le brin de droite, enfile 1 perle blanche, 1 grosse perle noire, 1 perle blanche, 1 grosse perle noire et 1 perle blanche. Passe l'autre fil en sens inverse dans les 3 perles blanches. Serre.

5 Réalise les rangs 13 à 17 en croisant les brins. Serre bien, noue et rentre les fils.

FILLETTES

Matériel

- 1,30 m de fil de Nylon 0,35 mm
- 18 perles blanches
- 2 grosses perles blanches
- 70 perles violettes
- 2 grosses perles violettes
- 4 grosses perles marron
- 41 perles rose transparent
- 1 perle fuchsia
- 2 perles noires
- 47 perles jaunes
- 1 grosse perle bleue

1 Pour le bas de la jupe, au rang 1, enfile 3 perles blanches au milieu du fil, croise les brins dans 1 perle violette. Sur chaque brin, enfile 3 perles violettes, 3 perles blanches, serre, repasse dans la dernière perle violette, serre, enfile 1 perle violette. Au rang 2, sur le brin de gauche, enfile 2 perles violettes et 3 perles blanches. Repasse dans la dernière perle violette pour former un picot. Réalise 2 autres picots comme sur le dessin. Termine par 1 perle violette. Passe l'autre brin dans les 9 perles violettes.

2 Réalise les rangs 3 à 6 en croisant les brins.

3 Au rang 7, sur le brin de droite, enfile 2 perles violettes, 10 perles rose transparent et 2 grosses perles marron. Serre. Repasse dans les 10 perles rose transparent et dans la deuxième perle violette comme sur le dessin pour former la première jambe. Enfile 1 perle violette, réalise la deuxième jambe comme la première, enfile 1 perle violette. Passe l'autre brin dans les 4 perles violettes. Passe les jambes dans le trou de la jupe.

4 Réalise les rangs 8 à 11 en croisant les brins. Pour les bras, sur chaque brin, enfile 1 grosse perle violette, 1 grosse perle blanche et 7 perles rose transparent. Saute 4 perles rose transparent, puis repasse dans les 3 suivantes et dans les 2 grosses perles. Serre.

5 Réalise les rangs 13 à 16 en croisant les brins.

6 Au rang 17, réalise la couette : sur le brin de gauche, enfile 4 perles jaunes, 1 grosse perle bleue et 5 perles jaunes. Serre. Saute 1 perle, puis repasse dans les 4 perles jaunes suivantes, la grosse perle bleue et 3 perles jaunes. En suivant le dessin, réalise les autres mèches de cheveux sur le même brin. Passe l'autre brin dans les 4 perles jaunes à la base des mèches de cheveux.

7 Réalise les rangs 18 à 22 en croisant les brins. Serre bien, noue et rentre les brins de fil.

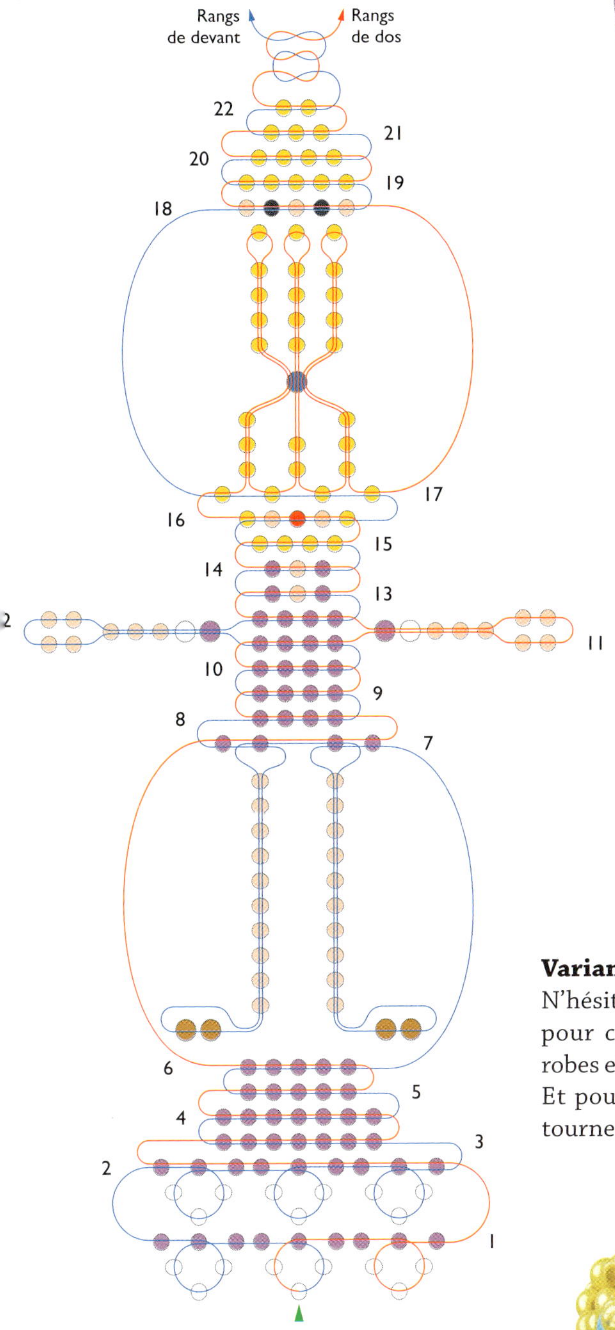

Variantes

N'hésite pas à changer les couleurs pour créer plein de fillettes aux robes et aux chevelures différentes. Et pour leur donner des copains, tourne la page !

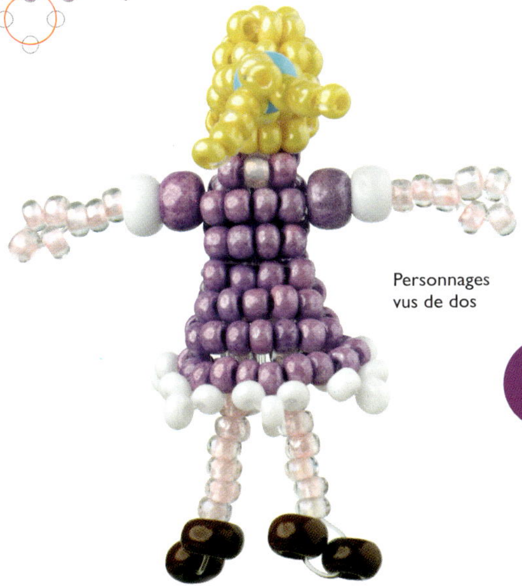

Personnages vus de dos

BEAUX GARÇONS

Matériel

- 1 m de fil de Nylon 0,35 mm
- 9 grosses perles bleu
- 4 grosses perles jaunes
- 24 perles vertes
- 2 grosses perles vertes
- 21 perles rouges
- 4 grosses perles rouges
- 17 perles rose transparent
- 2 perles noires
- 36 perles marron

1 Enfile 1 grosse perle bleue au milieu du fil. Pour les jambes, enfile, sur chaque brin, 3 grosses perles bleues et 2 grosses perles jaunes. Repasse dans les 3 grosses perles bleues. Serre. Sur le brin de droite, enfile 1 grosse perle bleue, passe dans la perle du début, enfile une grosse perle bleue. Passe l'autre brin dans ces 3 perles pour former la taille (rang 1).

2 Réalise les rangs 2 à 8 en croisant les brins. Pour les bras, enfile sur chaque brin, 1 grosse perle rouge, 1 grosse perle verte, 1 grosse perle rouge et 5 perles rose transparent. Serre. Repasse dans la première perle rose enfilée, puis dans les 3 grosses perles.

3 Réalise les rangs 9 à 13 en croisant les brins.

4 Au rang 14, pour les boucles de cheveux, enfile sur le brin de droite 2 perles marron, serre, repasse dans la première perle, 5 fois. Passe l'autre brin en sens inverse dans les 5 perles marron du rang en suivant le dessin. Serre. Réalise le rang 15 en croisant les brins. En veillant au nombre de perles, réalise les rangs 16 à 18 sur le même principe que le rang 14. Serre bien, noue et rentre les brins de fil.

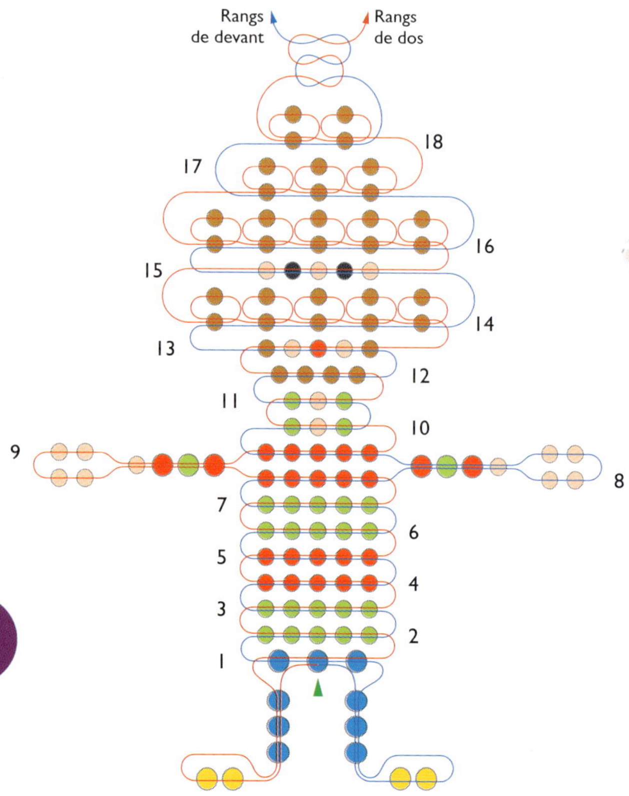